Helmar Dießner

Familien Coaching

Soziales Lernen für Familien

Helmar Dießner

Familien Coaching

Soziales Lernen für Familien

BORGMANN

MEDIA

Unser Buchprogramm im Internet
www.verlag-modernes-lernen.de

© 2009 by SolArgent Media AG, Basel

Veröffentlicht in der Edition:
BORGMANN MEDIA • Schleefstr. 14 • D-44287 Dortmund

Gesamtherstellung: Löer Druck GmbH, Dortmund

Titelgrafik: Lisa Dießner, www.designloverz.com, Essen

Bestell-Nr. 9401   ISBN 978-3-938187-48-7

Urheberrecht beachten!
Alle Rechte der Wiedergabe dieses Fachbuches zur beruflichen Weiterbildung, auch auszugsweise und in jeder Form, liegen beim Verlag. Mit der Zahlung des Kaufpreises verpflichtet sich der Eigentümer des Werkes, unter Ausschluss der § 52a und § 53 UrhG., keine Vervielfältigungen, Fotokopien, Übersetzungen, Mikroverfilmungen und keine elektronische, optische Speicherung und Verarbeitung (z.B. Intranet), auch für den privaten Gebrauch oder Zwecke der Unterrichtsgestaltung, ohne schriftliche Genehmigung durch den Verlag anzufertigen. Er hat auch dafür Sorge zu tragen, dass dies nicht durch Dritte geschieht. Der gewerbliche Handel mit gebrauchten Büchern ist verboten.

Zuwiderhandlungen werden strafrechtlich verfolgt und berechtigen den Verlag zu Schadenersatzforderungen.

Inhalt

Vorwort 9

Teil I

Einleitung 11
Kreative Verschreibung 13
Hinweise zur Benutzung des Buches 14
Die Familie – ein soziales System 15
Herausforderung – Familie 16
Spielregeln in der Familie 17
Kommunikationsregeln in der Familie / Gruppe 17
Weitere Übungsregeln für Familien- / Gruppen 18
ICH-Botschaften 19
Feedback 19
Feedback ist Kommunikation! 21
Wirkung von Feedback 21
Allgemeine Ziele des Feedbacks sind: 21
Zielsetzung des Feedbacks in der Familie / Gruppe: 22
Sensibilisierung der Wahrnehmungsfähig- und Genauigkeit 23
Wahrnehmung 23
Wahrnehmung eigener Gefühle 23
Selbst- und Fremdwahrnehmung 24
Selbst- und Fremdwahrnehmung: Das JOHARI-Fenster 25
Störungen in der Familie / Gruppe haben Vorrang! 26
Motivation 28
Ausdruck von Gefühlen 28
Offenheit und Freiheit 28
Literatur 29

TEIL II

Familien- / Gruppenübungen 32
Wünsch dir was! 33
Darf ICH vorstellen 34
Wie wirke ICH auf andere? 37

Das Konzept der Wildgänse I 40
Das Konzept der Wildgänse II 43
Das Konzept der Wildgänse III 46
Der Clown 48
Gestresste Mutter – gestresster Vater 50
Was ICH schon immer einmal sagen wollte! 53
Alltagsgeschichten, die mir wichtig sind! 55
Gedacht – aber nie gesagt 57
Warmer Regen 60
Wohlfühlbad 62
ICH & DU 65
Krankenbett 68
Das „gefühlte Gefühl" – ICH und DU = WIR?, besser und WIR! 71
Kommunikationsprobleme im „Alltag". 74
Das Geschenk 78
Mein Bild 80
Familienfest 82
Problemdiskussion 84
Negative Gedankenkette 86
Prahlerische Phantasie 89
Richte den Scheinwerfer auf deine Möglichkeiten! 92
Der Familienbaum 95
Schreibe dein wahres Familienportrait 97
Berge, Berge, Berge 99
Mein negatives Selbstbild 102
Alltagszwänge 105
Visionsentwicklung 107
Vom Minus zum Plus 110
Perfektionist 112
Ideenbörse 115
Glaubensüberzeugungen investieren 117
Fragebogen zur Stärkung des Selbstwertgefühls 120
Das 4. Gebot I 127
Das 4. Gebot II 130
Werbeanzeige 132
Du musst lernen, mit deinem Potenzial bewusst umzugehen! 135

Achtung vor dem Alter	139
Gute Zeiten – schlechte Zeiten	141
Mensch ärgere dich nicht!	143
Eltern werden ist nicht schwer, Vorbild sein dagegen sehr	145
Spieglein, Spieglein an der Wand, wer ist …	147
Schau mich bitte an!	150
Bitte eines Freundes / einer Freundin	152
Die Moral von der Geschicht	155
Think big!	157
ICH brauche deine Nähe	159
Selbstachtung	161
Das Familienschauspiel. Ein Akt in mehreren Sätzen.	165
Self-Feedback	167
Knechtschaft	169
Wünsche in Worte fassen	172
Die Vergangenheit und die Gegenwart bestimmen die Zukunft I	174
Die Vergangenheit und die Gegenwart bestimmen die Zukunft II	178
Vom Ist-Zustand zum Soll-Zustand (Folgeübung)	
Das geschminkte Tier	180
Probleme in der Familie?	182
Familie – Ort der Begegnung – Ort der Kommunikation	185
Das Familienhaus	187
Das Familienwappen	190
Trauminsel	192
Lieblingsblumen	194
Lerne dich selbst gut kennen!	196
High-Light	198
Familie in Tieren	200

Übungen ausschließlich für erfahrene Coaches / Trainer! 202

Falsche Glaubensüberzeugungen!	203
Was ICH über dich denke und fühle, dir aber noch nie gesagt habe	206
ICH fühle mich…	208
Der Berg	211
Tod eines Familienmitgliedes	213
Versuchter Suizid	215

Der Suizid 217
Vorsorge- / Nachsorge-Übung 219
Schau mir in die Augen! 222
Vertragt euch! 225
Maskenball der Sinne 227
Maskenball der Zwänge 229
Todesqualen 232
Der kalte Krieg 234
Die verändernde Kraft der Empathie 237

Vorwort

Häufig ist die Rede von der Verunsicherung der Eltern in der Erziehung. Viele Umfragen und Studien belegen, dass fast alle Eltern zumindest gelegentlich gerne Unterstützung in Erziehungsfragen und Hilfestellung bei der Lösung von Problemen hätten. Sie wünschen Austausch mit anderen Eltern und viele sind motiviert, sich in Sachen Erziehung fortzubilden, wie die große Nachfrage nach Elternkursen zeigt.

Es ist inzwischen nicht mehr verpönt „besser" erziehen, sich informieren zu wollen. Die Erfahrung zeigt auch, dass das Interesse an Elternkursen und Erziehungsthemen sich allmählich in allen sozialen Schichten verbreitet; auch Migranteneltern sind interessiert, vorausgesetzt wir Professionelle gehen mit unseren Angeboten dorthin, wo die Eltern sind, sprechen eine Sprache, die die Eltern verstehen und gestalten unsere Angebote lebendig, erlebnisorientiert, mit Humor und in angenehmer Atmosphäre.

Die Erziehungsaufgabe fordert Eltern eine ganze Menge ab, z.B. eine kontinuierliche Auseinandersetzung mit den gesellschaftlichen Entwicklungen, auch im Bereich Kinderrechte und Kinderschutz. Auch eine Auseinandersetzung mit sich selbst, und mit den eigenen Werten, Zielen und Gefühlen ist nötig, damit Eltern für den Alltag gut ausgerüstet sind, damit sie gegenüber ihren eigenen, aber auch gegenüber den Bedürfnissen ihrer Kinder achtsam sind.

Eltern sind jetzt aktiver auf der Suche nach guten Antworten und Wegen. Das Buch von Dr. Helmar Dießner unterstützt Eltern bei dieser Suche. Es ist für die Kursleiterinnen und Kursleiter, für die Trainerinnen und Trainer, aber auch für Therapeutinnen und Therapeuten, die mit Eltern und Familien arbeiten – sei es im Rahmen der „Fortbildung" oder aber auch in Rahmen von Therapien – ein wertvoller Leitfaden zum Üben elementarer Kernkompetenzen, wie Wahrnehmung, Umgang mit Gefühlen, kommunikative Fähigkeiten und zur Vertiefung von Selbstkenntnis und Steigerung von Selbstwertgefühl.

Das Buch gibt den Praktikern vielfältige, sorgfältig beschriebene, klug zusammengesetzte Übungen und Methoden an die Hand, deren Anwendung gleichermaßen in der Beratungspraxis, in Eltern-Kind-Gruppen oder in Elternkursen empfehlenswert ist.

Auch für die Elternkurse „Starke Eltern – Starke Kinder®" des Deutschen Kinderschutzbundes werden viele methodische Übungen aus diesem Buch eine Bereicherung sein.

Eltern profitieren weniger von theoretischen Inputs, als vom Gespräch und noch mehr von spielerischen, behutsam angeleiteten Übungen, die nicht alltägliche Zugänge zum eigenen Erleben und verschiedenen Themen ermöglichen, und Eltern reifen gerade durch diesen Austausch.

Durch diese Reifungsprozesse wächst im günstigsten Fall die ganze Familie, die Kinder sind beteiligt, ihre Belange mit berücksichtigt.

Dieses Buch von Dr. Helmar Dießner bietet für das Wachstum einer Familie viele Impulse und ist in diesem Zusammenhang besonders zu empfehlen.

Berlin im August 2008

Paula Honkanen-Schoberth
Soziologin (MA)
Psychoanalytisch-Systemische Therapeutin
Co-Autorin des Elternkurses Starke Eltern
– Starke Kinder® des Deutschen Kinderschutzbundes

Einleitung

Mit diesem Buch haben Sie als Coach / Familiencoach / Trainer / Kursleiter / Ausbilder / Therapeut / Familientherapeut / Berater / Supervisor, eine „kreative Werkzeugkiste" mit unterschiedlichsten thematischen Übungen zur Verfügung.
Jede Übungseinheit ist anschaulich und detailliert gegliedert, sodass der Anwender schnell erfasst, welche Materialien er einsetzen kann und wie er strukturieren soll.
Die Modifikationsbeispiele sind für passende familien- bzw. gruppenspezifische Veränderungen vorgesehen.
Zudem möchte ich jedem Anwender Mut machen, stets auf die individuellen Besonderheiten von Systemen einzugehen und somit die Übungsinhalte zu modifizieren.
Abschließend wird die „kreative Verschreibung", d.h. werden die Hausaufgaben mit auf den Weg gegeben.

Die Übungen beruhen auf einem jahrzehntelangen Erfahrungshintergrund des Autors, die im Laufe der Zeit in Beratung und Therapie mit verschiedenen Systemen entstanden sind. Dazu gehörten Familien, Familiengruppen im Kontext der Ehe-, Familien-, Erziehungsberatung, aber auch in der Arbeit mit Elterngruppen und Elternkursen.

Die Inhalte der Übungen umfassen neben allgemeinen themenbezogenen vor allem familien-, personen- und auch tabubezogene Aspekte, die zu einer konstruktiven Kommunikation und Interaktion im Familiensystem führen.

Die Übungen führen zur Auseinandersetzung und zur Konfrontation der Familien- / Gruppenmitglieder mit sich selbst und untereinander. Sie fordern zu notwendigen Entscheidungen, Positionsbestimmungen und zu einer neuen Wahrnehmung innerhalb der Übungseinheit heraus, welche sich aus dem jeweiligen Inhalt ergeben.

Dieses Buch versteht sich neben der theoretischen Beschreibung im Hinblick auf relevante Wahrnehmungsaspekte als Familien- / Gruppenübungsbuch, welches sich zwar auch unter systemischen und kommunikationspsychologischen Aspekten gestaltet, jedoch unter prozessbedingten Entwicklungsabläufen einzelner Familien- / und Gruppenmitglieder und der Gesamtfamilie bzw. auch Gesamtgruppe als Hilfe zur Selbsthilfe zu betrachten ist.

Mein erklärtes Ziel ist es, einführend wie auch durch die Auswahl und eine kurze Beschreibung der Übungseinheit, eine Anleitung und Hilfestellung für die Familientherapie / Familienberatung zu geben, damit die Familie / Gruppe im Rahmen eigener Ressourcen gestützt, gestärkt werden kann und diese sich im Zuge einer positiven Kommunikation und Interaktion weiterentwickelt.
Im Familiencoaching werden die Stärken ausgebaut, nämlich in den Bereichen, wo Kreativität, Fähig- und Fertigkeiten, Kompetenzen etc. als Potenziale

vorhanden sind. Im Zuge der Ressourcenorientierung werden die Schwächen peripher eingebaut und in den Übungssequenzen kompensatorisch verfeinert, d.h. verbessert.

Die Perfektionierung eigener Kommunikations- und Interaktionsmuster wird in der Familie / Gruppe exemplarisch geübt und entwickelt, welche gemeinsam mit dem Coach / Trainer in einem geschützten Rahmen gelebt wird. Durch eine neue Vertrauensbildung in das eigene Selbst potenzieren sich automatisch die eigenen Kräfte in einem Umfeld neuer Achtung und Wertschätzung.
Das bereichert das Familienleben ungemein. Macht Mut und schafft neue gemeinsame Perspektiven.

Jedes Familien- / und Gruppenmitglied öffnet sich so weit, wie es seine Motivation zur Veränderung seines Verhaltens und seiner Beziehungen bestimmt und setzt selbst die Grenzen in den Übungseinheiten wie auch bei den Reflexionsgesprächen.
Durch die Entstehung einer eigenen Familien- und Gruppenkultur wird im HIER und JETZT Vertrauen aufgebaut, welches im DORT und DANN als Lerntransfer und mittels der Umsetzung der kreativen Verschreibung transportiert werden soll.
Die Feedbackschleifen geschehen zwar im HIER und JETZT – erfassen im Sinne des Transfers jedoch nicht nur den Augenblick, sondern die nähere Vergangenheit und Zukunft innerhalb und außerhalb der Sitzung mit der Familie / Gruppe.
Jedem Einzel- und Gruppensystem soll es gelingen, Verhaltensziele in konkrete Verhaltenspraxis umzusetzen.

Durch die Übungen werden die Teilnehmer zwangsläufig Erfahrungen machen, sodass ureigene Potenziale und deren Möglichkeiten familiendynamischer Verwendung ausgeschöpft und genutzt werden. Konkret bedeutet das, dass Alltagsthemen konstruktiv durchlebt werden können.
In diesem geschützten Erfahrungsraum bedeutet es für ein Mitglied z.B., dass es sich mehr zutrauen darf, für ein anderes, dass es der Familie gut tut, wenn es sich zurückhält usw.
So werden systempassend neue Kommunikations- und Verhaltensmuster geübt, ausprobiert, gelernt. Durch gründliche Reflexionsschleifen wird Vergangenes aufgearbeitet, bereinigt, verziehen.

So bewirkt z.B. die Entfaltung der eigenen Persönlichkeit eine Verbesserung der Kommunikationskompetenzen, wovon das gesamte Familiensystem partizipiert.
Erlebbare Auswirkungen zeigen sich positiv in den Bereichen Sozialkompetenz, wie auch in individuellen, kreativen Fähig- und Fertigkeiten im Hinblick auf Vielfältigkeit und Spezifikation mit Inhalt und Sinn für das gesamte System.

Eine Neu-Zeit bricht an! Die Gegenwart wird bewusster und authentischer gelebt, so dass Mut und Vertrauen in die eigene Person und in die Familie /

Gruppe wächst. Gemeinsam und individuell werden Ziele und Visionen aktiv entwickelt.
Die Zukunft beginnt! Gestützt und gestärkt schauen die Mitglieder zum Horizont.

Das Leben der Familien- / Gruppenmitglieder gewinnt an Qualität und schafft Glück und Zufriedenheit. Die Familie / Gruppe erhält durch die Zuschreibung bei den Mitgliedern einen neuen Wert.

Kanfer und Phillips verwenden den Begriff „instigation therapy" „Ermutigungstherapie" und führten ihn in die Psychotherapie ein. Dieser Begriff wird verstanden als separate und spezifische Form der Beratung, die als Teil eines Therapieprogramms ausgeführt wird, wenn sich der Klient / Patient in Abwesenheit des Therapeuten bzw. heute nach Meinung des Autors und auch andere Coaches befindet.

Nach Kanfer und Saslow entsteht neues Verhalten außerhalb des therapeutischen Kontaktes durch Generalisierung eingeübter Verhaltensmuster unter dem eigenverantwortlichen Handeln des Klienten / Patienten.

Als Autor sehe ich in diesem Ansatz eine Fortsetzung bereits gelernter Kommunikation und Interaktion im Rahmen der Arbeit mit o.g. Multiplikatoren oder auch mit dem System Familie direkt. Die Umsetzung vollzieht sich durch den Transfer im familiären Kontext durch eine bewusst selbstgesteuerte Kommunikation und Interaktion, die zugleich selbstreflexive Prozesse zulässt und die wiederum in den Gesamtkontext der systemischen Familien- und Gruppenarbeit zurückfließen.
Ich favorisiere im Familiencoaching die Aktivierung individueller Ressourcen des Einzelsystems sowie des Gesamtsystems der Familie / Gruppe, die sinn- und werteorientierend innerhalb strategischer Interventionen vermittelt und gelernt werden.
Die Wahrnehmung meiner Aufgaben in der Prozessbegleitung als Coach verstehe ich als Hilfe zur Selbsthilfe, indem ich mich als Motivator in kreativer und direktiver Weise einbringe.

Jede Übungseinheit kann und soll dem Lebenskonzept des Familiensystems angepasst bzw. modifiziert werden, um dem Erwartungsanspruch des Systems gerecht zu werden. Lazarus und Frank waren Befürworter dieses Konzepts.
Nach ausführlichen Prozessen der Reflexion aller Familien- / Gruppenmitglieder werden die „Hausaufgaben" bzw. „Verschreibungen" mit auf den Weg gegeben.

Kreative Verschreibung

Es handelt sich um sogenannte Hausaufgaben für jedes einzelne Familien- / Gruppenmitglied. Es sollen bereits erlebte Übungssequenzen und deren Lerninhalte nach der Einzel- und Gruppenreflexion

— vertieft und verfestigt werden,
— aus einem anderen Blickwinkel betrachtet werden,

- um einen neuen und kreativen Zugang zu sich selbst und zu den anderen Mitgliedern zu bekommen,
- um neue Kompetenzen im Praxisfeld zu erproben,
- um den persönlichen Erfolg im Alltag zu reflektieren,
- um selbstverantwortlich seinen persönlichen Beitrag zum Familiengeschehen und Gelingen beizusteuern,
- um positive Kommunikation- und Verhaltensmerkmale zu generalisieren,
- um erzieherische Kompetenzen zu zeigen,
- um seine Liebe gegenüber den Familienmitgliedern stärker und bewusster auszudrücken,
- um Echtheit und Wertschätzung zu zeigen,
- usw.

Ausgehend von der Tatsache, dass genannte Autoren einen Sinn und einen Wert in der direkten Verordnung bzw. Verschreibung sehen, zeigt die Praxis, dass die Klienten / Patienten gerne diese Hilfestellung dankbar annehmen, vor allem, wenn sie in einem sicheren und geschützten Übungsraum die Erfahrung gemacht haben, ich, wir kommen uns näher, kommen einen Schritt weiter, es geschieht eine positive Veränderung.
Mit Hilfe der Übungen zeige ich „Wege des Gehens auf", wir gehen dabei die ersten Wege im HIER und JETZT gemeinsam.
Laufen müssen die Klienten / Patienten im Alltag selbst.
Diese Maßnahmen unterstützen mittelbar und unmittelbar den therapeutischen Erfolg, welcher im Familiensystem / Gruppensystem erlangt wurde.
Außerdem wirkt eine Erinnerung, eine weitere Auseinandersetzung verstärkend und begünstigt positiv das Möglichkeitsdenken der Mitglieder im Sinne weiterer Übertragung.
Neu erlebte situative Kontexte im Alltag fordern, beleben und beglücken.

Unter besonderer Berücksichtigung von Selbsterfahrungselementen gilt für sämtliche Übungen als Maxime, die Selbst- und Fremdwahrnehmung innerhalb spezifischer Szenarien mit dem Ziel des Transfers zu erhöhen. Diese Lernaspekte besitzen ihre Gültigkeit solange wie ein System lebendig ist.

Hinweise zur Benutzung des Buches

Die Durchführung der Übungen ist klar gegliedert, schnell zu erfassen und größtenteils kurz beschrieben. Darauf folgen die jeweiligen persönlichen Reflexionsphasen, die bei verschiedenen Personen auch in mehreren Reflexionsschleifen stattfinden können und in einer systemischen Gesamtreflexion münden können. Auf Modifikationsmöglichkeiten verweise ich mit den jeweiligen Beispielen. Sie sind als zusätzliche Hilfen gedacht, die je nach Situation eine Erweiterung oder Veränderung des Einzelsystems und / oder des Gesamtsystems erfahren sollen.

Zum Abschluss jeder Sitzung sollte der Coach / Trainer mit der kreativen Verschreibung schließen und ggf. mit der Frage:
„Was werden Sie tun, wenn Sie nach dem Seminar nach Hause gehen?" Je nach Abschiedsritual gibt er der Familie / Gruppe eine gute Botschaft mit.

Ebenso beginnt der Coach / Trainer wenn die nächste Sitzung beginnt, mit der Frage: „Gibt es Reste von der letzten Sitzung?"
Ansonsten geht es weiter mit der kreativen Verschreibung!

Aus der Praxis heraus hat sich auch eine Wiederholung bestimmter Übungen als sinnvoll erwiesen, da der wiederholte Einsatz gleicher Kommunikations- und Interaktionsübungen innerhalb desselben Systems oftmals neue Erfahrungen und Einsichten geweckt hat, die während der ersten Übungseinheit noch nicht möglich waren.

Die Wirkung dargestellter Übungen ist nicht zu unterschätzen, da sie ein hohes Maß an Kompetenz und Selbsterfahrung sowie Sensibilität an den Coach / Trainer stellen.

Soweit es die Beschreibung einer Übung zulässt, ist jeweils Raum für eigene Notizen gegeben.

Allen Übungen voran einige inhaltlichen Aspekte, die für die Arbeit mit Familien- / Gruppen von immens wichtiger Bedeutung sind.
Wenn weitere Fragen zur Führung und im Umgang mit Gruppen / Familiengruppen bzw. Systemen bestehen, so verweise ich auf die Bücher „Gruppendynamische Übungen und Spiele" und „Neue Gruppendynamische Übungen" sowie weitere Literatur, s. Literaturverzeichnis.

Zu den Quellenangaben der Kommunikations- und Interaktionsübungen ist zu sagen, dass alle Übungen neu entwickelt und aus dem Erfahrungsfeld des Autors niedergeschrieben wurden. Nur wenige Übungen sind in einigen Büchern wiederzufinden, die jedoch für das vorliegende Buch erheblich modifiziert worden sind. Deshalb habe ich im Literaturverzeichnis pauschal auf Quellenangaben ohne Nennung von Seitenzahlen verwiesen, aus denen wenige der dargestellten Übungen stammen.

Die Familie – ein soziales System

Um sich mitzuteilen, muss der Mensch kommunizieren, so auch im System Familie. Kommunikation auf allen Ebenen. In der Begegnung von ICH & DU & WIR (Zweisamkeit), in der Familie auf der Elternebene, im Kontakt mit dem Kind, den Kindern, der jeweiligen Herkunftsfamilie und Menschen außerhalb des Systems. Kommunikation und Interaktion überall!
Die wichtigste Art der Kommunikation ist die Sprache als ein Werkzeug der Verständigung. Egal in welche Kultur ein Mensch hineingeboren wird, er lernt die Sprache seines kulturellen Systems. Jeder gesunde Mensch hat die Veranlagung, die Sprache seiner Herkunft, seines Systems zu lernen. So lernt jedes

Kind in seiner Familie zu kommunizieren. Doch sprechen allein reicht nicht aus. Für eine soziale Verständigung ist es notwendig, dass meine Sprache (ICH) erst eine Bedeutung und einen Sinn erhält, wenn mein Gegenüber (DU) mir zuhört. „Mir ist es wichtig, dass DU mir richtig zuhörst!", ist eine Äußerung, die von vielen Frauen gegenüber ihrem Mann aber auch von Müttern und Vätern zu ihren Kindern beklagt werden.

Kommunikationsprobleme liegen nicht in der Sprache, sondern das Problem ist der Umgang mit der Sprache, da wir als Kommunizierende oftmals nicht im HIER und JETZT sind. Auf jeder Ebene der Kommunikation entstehen Gefühle, bewusst und unbewusst.

Wie tragen ICH, DU bzw. WIR dem Rechnung?

Drücke ich meine Botschaft mit Worten, Gesten, Mimik, mit meinem Habitus aus, was ich denke und fühle, sagen will oder reagieren wir (manchmal) bloß wie Marionetten aufeinander und beeinflussen wir uns gegenseitig durch klingende Worte?

ICH & DU, WIR müssen lernen, unsere Gefühle wahrzunehmen, die dem Inhalt der gesprochenen Worte zugrunde liegen.

Im Kontext der Übungen sollen die Mitglieder Kommunikationsregeln beachten, üben und verinnerlichen, die eine Hilfe für ein besseres Verständnis der eigenen Wahrnehmung und der des anderen sind.

Herausforderung – Familie

Lebendiges Wachsen in der Familie / Gruppe heißt, in Bewegung zu sein. Es ist ein andauernder Prozess, der niemals aufhört.

Im Kontext sein und dynamisch bleiben, wo letzteres das Geheimnis familiären Erfolges ist.

Familiärer Erfolg kann unterschiedlich definiert werden, ist aber kein imaginärer Zustand, der vom Himmel fällt.

Mit Erfolg geht ein aktives Wollen, Aushalten, Zurückstecken, aber auch liebevolles Fordern, Zurechtweisen, Korrigieren usw. einher. Gelebter Erfolg geht nicht ohne Konflikte, Enttäuschungen, Frustrationen und dem Sichstellen kleiner und großer Herausforderungen.

Ehe und Familie ist mehr als ein sozialer Organismus, denn sie bilden ein Fundament für die Mitglieder. Die Familie ist ein Ort, der einen positiven und einen negativen Einfluss auf die Mitglieder und deren weiteres Umfeld haben kann.

Die Kernfamilie vermittelt Zuversicht, Vertrauen, Lebensmut und Lebensfreude sowie aktive Hilfe für andere Menschen oder sie vermittelt Traurigkeit, Lebensangst und Pessimismus.

Familie ist vergleichbar mit einem Trainingsstudio in dem zwischenmenschliche Beziehungen, Liebes- und Partnerschaftsbeziehungen und Nächstenliebe aktiv „trainiert" werden können. Es ist ein ständiges Geben, Nehmen und Vergeben.

Auch in einer schnelllebigen Zeit mit einhergehenden Veränderungen von Normen und Werten ist eine Familie bzw. Familienform besonders gefordert. Zahlreiche

Eltern sind verunsichert und brauchen Orientierung.
Erziehungsprobleme und Probleme des heutigen Familienlebens erfordern elterliche Kompetenz, damit verbunden auch Präsenz.

Zu einem Wachstumsprozess mit vielen Veränderungen gehören die Höhen und Tiefen des Lebens. Hilfreich sind stabile Normen und Werte, welche mit Hilfe der Übungen individuell für den Einzelnen aber auch für die gesamte Familie / Gruppe vermittelt und eingeübt bzw. kommuniziert werden sollen.

Ein neues Bewusstsein der Inanspruchnahme von Erziehungs- und Kommunikationskompetenzen ist bei zahlreichen Eltern erwacht, sodass diesem Wunsch aufgrund der großen Nachfrage kaum Rechnung getragen werden kann. Soziale Dienstleister wie Mitarbeiter in Beratungs- und Bildungsinstitutionen, Verbänden usw. bieten hilfesuchenden Eltern Kurse, Seminare und Beratungskonzepte an.

Spielregeln in der Familie

In einer Familie herrschen Regeln, die von allen Mitgliedern einzuhalten sind; so wie auf einem Fußballplatz.
Die Regeln sind auf dem Hintergrund vorhandener Werte einmal aufgestellt worden und „regeln" sozusagen, wie alle Familienmitglieder miteinander umzugehen haben.
Vorhandene Regeln geben Orientierung, Sicherheit und Halt. Sie besitzen Gültigkeit!
Die Gültigkeit der Regeln besteht so lange, bis es notwendige Änderungen für ein einzelnes Familienmitglied, für mehrere Familienmitglieder oder für die gesamte Familie gibt.
Familie ist kein starres System, sondern Familie unterliegt immer wieder Prozessen der Veränderung. Familie ist ein lebendiges und dynamisches System.
Neue Herausforderungen bzw. Veränderungen kommen häufig von außen, durch die Berufstätigkeit von Vater und / oder Mutter, durch Kindergarten, Hort, Schule, Verein, Kirche, aber auch oder dadurch bedingt durch innerfamiliäre Entwicklungsprozesse wie neue Erkenntnisse persönlicher Weiterentwicklung, Familienzuwachs, Familienveränderung wie Trennung und Scheidung, Tod und durch das Alter der Kinder usw.

Kommunikationsregeln in der Familie / Gruppe

In der Arbeit mit dem System Familie / Gruppe gelten folgende Kommunikationsregeln:

Ich spreche stets per „Ich" und nicht per „Man", „Wir" oder „Es"!
Ich vermeide grundsätzlich Verallgemeinerungen und Klischees!
Ich kann erst reden, wenn der andere ausgeredet hat!
Es spricht immer nur eine Person!

Seitengespräche vermeide Ich!
Jederzeit kann Ich Nein sagen!
Meine und deine Störungen haben Vorrang, wenn es unaufschiebbare Aspekte sind!
Über andere Mitglieder spreche Ich nicht, sondern ich rede sie immer direkt an!
Warum-Fragen vermeide Ich! (Außer in bestimmten Reflexionsprozessen)
Alles, was Ich höre und sage, ist vertraulich und bleibt in der Familie / Gruppe!
Ich versuche, so aufrichtig wie möglich zu sprechen!
Ich will wahrhaftig und ehrlich sein!
Kontakt stelle Ich vor Konsensus und Kooperation!
Ich versuche, gegenwärtig zu sein, indem Ich Kontakt zum HIER und JETZT halte!

Die Familien- / Gruppenmitglieder haben zu den Sitzungen regelmäßig und pünktlich zu erscheinen, um unnötige Störungen zu vermeiden. Die Arbeitszeiten werden von allen Teilnehmern eingehalten. Zudem werden Pausenzeiten und Raucherregeln geklärt. Dabei bleibt festzuhalten: Im Seminarraum bzw. Gruppenraum wird nicht geraucht!
Pausenzeiten sind keine verlorene Zeit. (Dießner 1997, 2005)

Weitere Übungsregeln für Familien- / Gruppen

In einer Familie und in auf einer freiwilligen Basis sich konstituierenden Gruppe gelten Grundregeln und Prinzipien, die von allen Mitgliedern einzuhalten sind. Verpflichtend sind folgende Prinzipien:

— **Verbindlichkeit** im Hinblick auf regelmäßige Teilnahme;
— die Wahrung der **Schweigepflicht** in Bezug auf inhaltliche und persönliche Aspekte der Mitglieder; d.h. alles, was besprochen und umgesetzt wird, bleibt an diesem Ort;
— die Bereitschaft zu **Akzeptanz, Wertschätzung, Echtheit**;
— **Vertrautheit** in dem Maß, welches der Einzelne zulassen kann und will;
— positive Einflussnahme auf die Familien- bzw. Gruppenatmosphäre;
— eine tragfähige Bildung von Nähe und Distanz;
— die Grundbereitschaft einer aktiven Teilnahme am Familien- bzw. Gruppenprozess.

Durch das Einhalten positiver Verbindlichkeiten der Familienmitglieder untereinander oder der Gruppenteilnehmer wird die inhaltliche Kooperation beeinflusst. Dieses Verhalten begünstigt die motivationale Haltung aller Mitglieder und wirkt sich positiv auf die ganze Familie bzw. Gesamtgruppe aus. (Dießner 2005)

ICH-Botschaften

Bedingt durch den Zusammenhalt, die Wichtigkeit und die gegenseitige Verpflichtung der Familien bzw. Gruppenmitglieder gehe ich an dieser Stelle auf die Bedeutung der Ich-Botschaften ein.
Ich-Botschaften sind in einer gelungenen Kommunikation sehr wichtig, weil ICH mich mit ihnen ausdrücke:
— wie ich mich gerade fühle,
— was mich gerade bewegt,
— wie gerade meine Körperbefindlichkeit ist,
— usw.

Durch die ICH-Botschaft wird eine Aussage getätigt, die über einen Tatbestand oder Sachverhalt deutlich gemacht wird, mit der mein Gegenüber nicht unter Rechtfertigungs- oder Handlungsdruck gelangt. Mittels der ICH-Botschaft wird auch meine eigene Mitverantwortung für die gerade entstandene Situation zum Ausdruck gebracht, die beim Adressaten Zuwendung, Nachdenklichkeit und Interesse ausmacht. Vermutungen und Spekulationen, die aus meinem Tonfall, aus meinem Gesichtsausdruck oder meiner Körperhaltung entstehen könnten, werden so eliminiert. Ehrliche ICH-Botschaften lassen das Gegenüber wissen, was mich gerade bewegt, was mir gerade Sorgen bereitet, was mir Mut macht usw.
ICH-Botschaften bewirken Interesse und ein gegenseitiges Sichöffnen.
(Dießner 2005)

Feedback

Feedback ist der klassische Lernmechanismus aller interaktioneller Gruppen (Familie, Lern-, Arbeitsgruppe).
Der Begriff Feedback stammt aus der Kybernetik und bedeutet allgemein, dass Wirkungen, die von einem System auf seine Umwelt ausgeübt werden, auch Rückwirkungen auf das System selbst haben. So beeinflussen, kontrollieren die Teile eines Systems oder auch zwei beteiligte Systeme wie auch mehrere Systeme sich gegenseitig.

Die Rückmeldung, auch Feedback genannt, ist ein sozialpsychologisches Instrument erfahrungs- und situationsbezogener Wirkungsforschung, das dem Familien- / Gruppenmitglied Möglichkeiten eröffnet, sein eigenes Verhalten im unmittelbaren Kontakt der anderen Familien- / Gruppenmitglieder zu reflektieren.

Das Feedback ist eine wesentliche Lernerfahrung für alle Beteiligten, denn sie lernen zuhörend.

Für alle Familien- / Gruppenmitglieder ist eine bewusste und verbalisierte Rückspiegelung von Wahrnehmungen und Verhaltensweisen hilfreich.

Feedback ist immer persönlich, denn es gibt der betreffenden Person Auskunft über sich selbst und ihre Wirkung, die sie auf andere hat, ohne dass diese ihr oftmals bewusst ist. Ihre Gefühle und Verhaltensweisen lösen beim anderen wiederum Gefühle aus, die sich in seinem Verhalten niederschlagen.

Im Familiencoaching sollen die Familien- / Gruppenmitglieder durch Analyse und Reflexion ein gesundes Gespür für die Art und Weise bekommen, wie sie auf ihre Mitmenschen wirken.
Für den Familienalltag ist eine wertschätzende und empathische Kommunikation sehr wertvoll und bedeutsam. Dazu gehört auch das aktive Zuhören.

Der soziale Familienalltag ist meistens durch nüchterne und pragmatische wie auch technische Angelegenheiten gebunden, die ein Funktionieren der Institution Familie jedem Mitglied abverlangen und gleichzeitig an gebundene Lernziele gekoppelt sind.

M.E. sollen positive werteorientierte Maßstäbe, wie sie in einer Familie gelebt werden, auch außerhalb des Familiensystems propagiert werden. So kann im eigenen System, aber auch in anderen sozialen Systemen, eine positive und wertschätzende Kommunikation gelingen.
Das System Familie ist ein Unternehmen mit vielseitigen Aufgaben, das achtsam geführt werden will.

In beiden Bereichen geht es auch um Qualitätsaspekte und Quantitätsaspekte, die sich durch Erfolg auszeichnen, wenn eine gelungene positive und wertvolle Kommunikation und Interaktion gelebt werden.

In diesem familiären Spannungsfeld soll jedes Gruppenmitglied sein Engagement, seine dynamische Sprungkraft leistungsstark mit seiner Gesamtpersönlichkeit einsetzen.

Erwähnenswert finde ich, dass in Laboratoriumswelten, d.h. in Coachingsitzungen realistischerer Feedback gegeben wird, als es in der realen Alltagswelt der Familie üblich ist. Als besonders positiver Wert bleibt hervorzuheben, dass eine entspannte, aber auch angstfreie Atmosphäre der ausschlaggebende Faktor ist, welcher Ehrlichkeit, Akzeptanz, Wertschätzung usw. zulässt. Eine gewisse Sicherheit entsteht automatisch durch die Tatsache, dass es in den Übungssitzungen genau definierte Grenzen inhaltlicher und zeitlicher Art gibt. Unter diesen optimalen Bedingungen erleben die Familien- / Gruppenmitglieder die Auswirkungen durch bewusstes Registrieren der eigenen Gefühle und Gedanken und hören durch die anderen Personen, wie diese auf ihr Verhalten reagieren. Nicht selten werden Sitzungen mit einem Aha-Erlebnis abgeschlossen. Jedes Mitglied macht in der Familie / Gruppe soziale Erfahrungen dadurch, dass es seinen Lebensstil, seine Kommunikations- und Verhaltensmuster, die es sonst auch außerhalb der Gruppe zeigt, reproduziert. Nach dem Besuch von Familien- / Gruppencoaching-Sitzungen berichten die Mitglieder, dass sie:

— offener und aufrichtiger kommunizieren,
— bereit sind, sich dem Gegenüber zu öffnen,

- konzentrierter zuhören,
- Kommunikationsregeln einhalten,
- ICH-Botschaften geben,
- sich vertrauensvoller verhalten,
- sich als Person weniger verstecken,
- ihr Anliegen, Meinungen, Wünsche deutlicher artikulieren,
- eine größere Konfrontationsbereitschaft zeigen,
- anderen Feedback geben,
- sich selbst Feedback einholen,
- sich im Klaren darüber sind, dass zuviel Offenheit für zwischenmenschliche Beziehungen ebenso schädlich sein kann wie zuwenig Offenheit,
- dem Gegenüber liebevoller begegnen.

Feedback ist Kommunikation!

Feedback ist Kommunikation und eine gemeinsame Verständigungsleistung von zwei oder mehreren Personen. Durch die Verhaltensbeobachtung im HIER und JETZT geschieht eine Verhaltensbeschreibung, wobei der Sender das Verhalten des Empfängers beobachtet und es ihm mit seiner eigenen gefühlsmäßigen Wahrnehmung beschreibt.
Durch Gefühlsresonanz und Selbstmitteilung entsteht der Handlungsimpuls in der Gestalt, dass der Sender dem Empfänger ggf. einen Vorschlag macht, seine Kommunikations- und Verhaltensmuster zu korrigieren oder diese neu einzustellen.

Wirkung von Feedback

Feedback erfährt jedes Individuum, sobald es „auf der Welt" ist. Das Feedback ist ein Alltagsbegleiter, der bewusst oder unbewusst wahrgenommen, sich durch Verstärkung und Erfolg, Ablehnung oder Ignorierung erfährt. Der Ausdruck von Feedback erfolgt verbal oder nonverbal. Im Alltagsgeschehen erfolgt Feedback neben Worten weitaus häufiger durch nonverbale Signale wie Mimik, Gestik, Körpersprache, Stimmlage, Blicke, Schweigen, Nichtbeachtung, Unterlassung usw.. Zustimmung oder Ablehnung wird meist ungesagt durch Lächeln, Schweigen, Gähnen, durch eine einladende Geste oder Nicht-beachtet-werden ausgedrückt.

Allgemeine Ziele des Feedbacks sind:

- das Wissen um die Diskrepanz zwischen der Selbst- und Fremdeinschätzung,
- Aufhebung von Verhaltensstereotypien,
- Schärfung der eigenen Wahrnehmung,
- Einschätzung der Genauigkeit sozialer Konsequenzen.

Das Wissen darum, dass eine soziale Perzeption nicht eine „objektive" Erkenntnis ist, sondern stets nur Selektionsvorgänge beinhaltet, welche durch die eigene biografische Geschichte und die aktuelle Lebenssituation des Wahrnehmenden bestimmt sind.

Es soll ein ehrliches, direktes und hilfreiches Mitteilen von Reaktionen des Verhaltens sein, das einem oder mehreren Mitgliedern der Familie / Gruppe auf dem Hintergrund seiner individuellen und speziellen Lebenssituation eine im Spiegel seines Erlebens wahrzunehmende Erkenntnis vermittelt, wie er auf andere wirkt.

Feedback soll in einer Atmosphäre gegenseitigen Bemühens, der Hilfe und des Vertrauens stattfinden. Dabei ist Veränderung und Wachstum der Persönlichkeit von einer teilnehmenden Selbstöffnung abhängig.

Der Coach / Trainer hat eine große Verantwortung in der Beeinflussung einer positiven Familien- / Gruppenatmosphäre, in der effektives Lernen möglich werden soll. Er unterstützt und hilft bei der Entwicklung neuer kommunikativer und interaktionistischer Kompetenzen, Perspektiven und Ziele für den Einzelnen sowie für die gesamte Familie / Gruppe.

Alle Beteiligten unterliegen der Verpflichtung Spott, Hohn und Ironie im Feedback zu unterlassen!

Eine Herabwürdigung könnte den Betreffenden blockieren, entmutigen, ängstigen und verletzen. Seine und die Empfangsbereitschaft der anderen Mitglieder würde dadurch beeinträchtigt und behindert. Niemand im System wird be- oder verurteilt.

Zielsetzung des Feedbacks in der Familie / Gruppe:

ICH signalisiere meinem Gegenüber, wie ICH sein Verhalten wahrnehme, was mich positiv oder negativ stimmt.
ICH bringe Kommunikations- und Erlebnisaspekte auf den Punkt.
ICH teile meinem Gegenüber meine Bedürfnisse und Gefühle mit.
ICH verdeutliche meinem Gegenüber die Erwartungshaltung die mir unter Berücksichtigung seiner Kommunikation und seines Verhaltens die gemeinsame Kooperation erleichtern würde.

Die positive Wirkung von Feedback bedeutet, dass die Fähigkeit zur Selbstwahrnehmung des Gegenübers gestärkt wird mit dem Ziel, über die HIER und JETZT- Situation sein Verhalten im Familien- / Gruppenalltag besser wahrzunehmen und zu steuern.

Die stärkende Wirkung des Feedbacks liegt darin begründet, in der Zusammenarbeit auftretende störende Kommunikations- und Verhaltensweisen zu korrigieren, zu modifizieren und durch hilfreiche Alternativen zu überwinden. Das gegenseitige Geben von Feedback im System Familie / Gruppe verbessert die Qualität der zwischenmenschlichen Beziehung. Das einzelne Mitglied lernt so, sich selbst besser zu steuern, sich verständlicher und situationsadäquater auszudrücken und sich selbstbewusster darzustellen und einzubringen.

Sensibilisierung der Wahrnehmungsfähig- und Genauigkeit

Durch die Übungen lernen die Familien- / Gruppenmitglieder:

— Die eigenen sinnlichen Wahrnehmungen, Gefühle, Gedanken, Ideen, Wünsche, Bedürfnisse, Befürchtungen, kreativen Aspekte differenziert und umfassend im Spiegel der Wirklichkeit zu sehen.
— Eine größere Sensibilität und Offenheit für die eigenen Gefühle und Gedanken, wie auch die der Mitmenschen, hier zunächst der Familien- / Gruppenteilnehmer, zu entwickeln.
— Der Kardinalaspekt im Hinblick auf Wahrnehmungsfähig- und Genauigkeit besteht in der eigenen Sensibilisierung als Prozess, dessen hoheitliches Ziel es ist, das eigene Selbst und das der anderen Familien- / Gruppenteilnehmer genauer zu erfassen.

Wahrnehmung

Die Bedeutung des Wahrnehmungsvermögens, d.h. auch der Wahrnehmungsgenauigkeit wächst stets im HIER und JETZT, während die Mitglieder mehr und mehr über die eigenen Gefühle und Verhaltensweisen und deren Wirkung auf andere sowie über die eigenen Beziehungen in der Familie / Gruppe erfahren. Innerhalb der Familie / Gruppe hat jedes Mitglied die Chance, eine kognitive Umstrukturierung zu erleben, wenn diese für ihn sinn- und bedeutungsvoll erscheint. In einem günstigen sozial-emotionalen Klima wird dieser Prozess positiv unterstützt. In diesen Prozessen werden kreative, innovative Impulse und Ideen transparent, die eine Einstellungs- und Verhaltensänderung nach sich ziehen.
Ebenso gibt es emotionale Erlebnisse im Alltag, die in der Auseinandersetzung mit der kreativen Verschreibung in der Familie einen korrektiven Einfluss auf die eigenen Denk- und Handlungsmuster zur Folge haben.

Die Selbst- und Fremdwahrnehmung hat entscheidenden Einfluss auf die eigene Persönlichkeit.

Wahrnehmung eigener Gefühle

Es können durch verschiedene Übungen körperliche Symptome ausgelöst werden, da jeder Mensch die Gefühle deutlich in seinem Körper spüren kann. Diese zeichnen sich in der Muskulatur, der Haut, in den Blutgefäßen etc. ab. Da die meisten Menschen, so eben auch die Familien- / Gruppenmitglieder kopflastig sind, besteht die Verpflichtung des Coaches / Trainers auch darin, die Teilnehmer auf ihren Körper aufmerksam zu machen.
Im HIER und JETZT kann der Coach / Trainer sagen:
Schließen Sie bitte Ihre Augen und überprüfen Sie die Signale, die Ihnen Ihr

Körper sendet.
So fragt der Coach / Trainer z.B.:

— Was empfinden Sie im Augenblick?
— Was empfinden Sie gerade körperlich?
— Was sagt Ihr Magen dazu?
— Was fühlten Sie, als Sie durch ein Familien- / Gruppenmitglied unterbrochen wurden?
— Haben Sie Ihre körperliche Reaktion bemerkt?
— Möchten Sie Ihre Stimmung mitteilen?
— Was sagt Ihr Verstand?
— Was sagt Ihre Seele?
— Was würden Sie am liebsten JETZT tun?
— Versuchen Sie das Gefühl von Trauer, Schmerz, Sich-nicht-verstanden-Fühlen zu verjagen?
— Welche konkreten Hilfen gibt es?
— Gibt es in der Familie / Gruppe Gefühle, die nicht ausgedrückt wurden?
— Zeigen Sie Gefühle, Empfindungen!

Selbst- und Fremdwahrnehmung

Kein Mensch nimmt die Wirklichkeit objektiv wahr. Das Bild eines Menschen von der Wirklichkeit ist für ihn genauso „wahr" wie das Bild, das ich von der Wirklichkeit habe. Ohne Kommunikationsbereitschaft ist das Entstehen und das Verstehen gemeinsamer Bilder von der Wirklichkeit stark divergierend. Das Abbild von erlebter Wirklichkeit entsteht für das Individuum, indem es Informationen aufnimmt, auswählt und interpretiert. Das bedeutet, dass die Aufnahme von Informationen verbal und nonverbal über die Sinnesorgane erfolgt.

Jeder Mensch gibt seiner Wahrnehmung die entsprechende Bedeutung. Dieser Bedeutung entsprechend werden ureigene Handlungen im Hinblick auf die Erreichung oder Erlangung der Ziele, der Vision verfolgt.

Informationen erhalten erst ihren Wert durch die Bedeutung, die wir ihnen geben. Über die Wahrnehmung werden Informationen verarbeitet, die aufgrund unserer Erfahrungen, Wert- und Normvorstellungen, Regeln und Theorien eingeordnet und abgeglichen werden. Diese Abgleichung geschieht nach einem einfachen Prinzip. Sie funktioniert wie ein Lichtschalter. Dabei ist wie bei einem Lichtschalter „an" und „aus" gleichbedeutend für „wichtig" oder „unwichtig, „bekannt" oder „unbekannt". Dieses gilt ebenso für die individuellen Maßstäbe „richtig" und „falsch". Millisekundenschnell werden so Bruchstücke einer Beschreibung zu einem Ganzen aufgebaut. Der Erfahrungsschatz unserer gespeicherten Muster hilft uns, wahrgenommenen Informationen schnell eine inhaltliche und gefühlsbezogene Bedeutung und Priorität zu geben. Durch die Einbindung in Systeme ist der Mensch in Rollen, in Beziehungsstrukturen einem gewissen Druck ausgesetzt, der mit systemimmanenten Normen und Werten versehen ist. So gesehen entsteht eine Wahrnehmung in der Familie / Gruppe, was die Mitglieder wahrnehmen sollen, was sie gewohnt sind, indem jeder die ihnen gewohnte Bedeutung zumisst. Die Erfahrung in und außerhalb der Familie / Gruppe zeigt, dass bei der Beteiligung mehrerer Personen im HIER und JETZT bei gleicher Ausgangslage völlig unterschiedlich beurteilt, reagiert und agiert wird. Ziel der Übungen soll sein, eine Kommunikation und Interaktion herzustellen, die zielorientiertes und nachhaltiges Handeln zulässt. Dieses gelingt, wenn die Selbstwahrnehmung der Familien- / Gruppenmitglieder gestärkt wird. Ein wichtiger Schlüssel für das eigene Handeln zu mehr Bewusstheit ist das Feedback.

Selbst- und Fremdwahrnehmung: Das JOHARI-Fenster

Im Bereich der Wahrnehmung ist der Sensibilitätsaspekt im Hinblick auf die eigene Persönlichkeit das Bedeutendste. D.h., der Blick ist nach innen gerichtet, indem jeder Mensch die Facetten der eigenen Persönlichkeit erkennt und akzeptiert. In der Familie / Gruppe wird die Selbstwahrnehmung geschärft, sodass jedes Mitglied die eigenen Stärken und Schwächen erkennt, sie annimmt und bereit ist, mit ihnen zu arbeiten.
Nur so ist es möglich, dass sich Familien- / Gruppenmitglieder in ihrem Erleben und Verhalten besser verstehen und annehmen können.
Wie schnell und wie leicht fällt es uns, ein Mitglied zu bewerten, zu beurteilen, anstatt es unvoreingenommen und relativ objektiv zu betrachten.

Wer darüber nachdenkt, stellt fest, dass der eigene Wahrnehmungsprozess durch Bewertungen, Interpretationen und das hineinbringen von Gefühlen, Vermutungen etc. erheblich gestört wird. In der Kommunikation ist immer das „Was" und das „Wie" von entscheidender Bedeutung, wobei Gestik, Mimik, Körperhaltung diesen Informationswert erheblich mitgestalten.
Die Selbst- und Fremdwahrnehmung ereignet sich zwischen den Polen „ICH" und den „ANDEREN" in der Familie / Gruppe.

In dem bekannten JOHARI-Fenster von Joe Luft und Harry Ingham, einem Vier-Felder-Schema, findet die Unterscheidung verschiedener Bereiche von Person und Interaktion statt.

Das von Luft und Ingham 1955 veröffentlichte und nach ihnen benannte JOHARI-Fenster macht deutlich, welche beiden Pole sich in Bezug auf Selbst- und Fremdwahrnehmung miteinander verbinden. Es handelt sich um ein einfaches graphisches Modell, das eine wertvolle Hilfe im Hinblick auf Gruppenprozesse darstellt.

JOHARI – Fenster

Selbst- und Fremdwahrnehmung

	mir selbst bekannt	mir selbst unbekannt
Anderen bekannt	**I. öffentliche Person/ offenes Gebiet** Verhaltensbereiche, die mir bekannt sind und von „Anderen" wahrgenommen werden. „Ich-Kompetenz" (Denken, Fühlen, Handeln)	**III. öffentliche Person/ blindes Gebiet** „Blinde Flecken" meiner eigenen Wahrnehmung. Verhalten für „Andere" bekannt und sichtbar. Mir nicht bewusst. (Verhaltensweisen, Gefühle, Einstellungen)
Anderen unbekannt	**II. private Person/ geheimes Gebiet** Verhalten, das nur mir bekannt und bewusst ist. (Gefühle wie Angst, Trauer, Ablehnung, Aggressivität) „Blockierung positiver Energien"	**IV. Unbewusstes/ unbewusstes Gebiet** Mir und „Anderen" nicht bekannt und bewusst. Für das „Ich" bedrohlich: (verdrängte Gefühle, Gedanken, Ängste, Phobien)

Feld I beinhaltet Verhaltensbereiche, die mir als Person bekannt sind und von den Familien- / Gruppenmitgliedern wahrgenommen werden. Es handelt sich hier um den Bereich der freien Aktivität, der öffentlichen Sachverhalte und Tatsachen, wird hier mit „öffentlicher Person" umschrieben.

Feld II ist der Bereich des Verhaltens, der nur mir bekannt und bewusst ist. Er bleibt den Familien- / Gruppenmitgliedern solange verborgen, bis ich ihn als Person bekannt gebe. Die „private Person" bin ich als Mitglied und ist mein Intimbereich. Er bleibt für die Familien- / Gruppenteilnehmer versteckt.

Feld III beinhaltet die „blinden Flecke" meiner eigenen Wahrnehmung. Es ist der Bereich meines Verhaltens, der den Familien- / Gruppenmitgliedern bekannt ist und somit sich für sie sichtbar darstellt. Mir hingegen ist er aber nicht bewusst. Es handelt sich um Angewohnheiten, Eigenheiten, spezielle Verhaltensweisen usw.

Feld IV umfasst Bereiche, die weder mir noch den Familien- / Gruppenmitgliedern bekannt und bewusst sind. In der Tiefenpsychologie wird dieser Vorgang als Unbewusstes beschrieben.

Störungen in der Familie / Gruppe haben Vorrang!

Störungen blockieren, schwächen und binden die Energie eines oder mehrerer Familien- / Gruppenmitglieder und letztlich die der Gesamtfamilie / Gruppe. Dadurch kann die Konzentration des eigentlichen Vorhabens geschwächt werden. Blockaden, Vorurteile, Abneigung, Krankheit und Schmerz, emotionales Leid, übermäßige Freude usw. sind ernstzunehmende Aspekte, die im Hinblick auf Inhalte der Übungen sowie auf den Gesamtprozess der Familie / Gruppe einen nachteiligen Einfluss haben können. Fest steht, dass Belastendes oder auch Faszinierendes die Konzentration mindert und ablenkt. Der Umgang mit Störungen muss regelrecht eingeübt werden. Weil der Umgang mit Störungen und deren Bearbeitung ein wichtiges Feld ist, gehört dieser Bereich zu den Kommunikationsregeln.

Zunächst wird durch Störungen zwar der Arbeitsablauf unterbrochen, oft genug fördern sie ihn auch, weil der einzelne seine Störung ausspricht, die meist mit den Problemen der Familie / Gruppe zusammenhängt. Das bedeutet, dass das einzelne Mitglied das Sprachrohr der Familie / Gruppe ist. Wenn Störungen ignoriert bzw. nicht beachtet und verbalisiert werden, so wird das sinnvolle Lernen und die Arbeit in der Familie / Gruppe behindert oder gar verhindert. Durch eine offene Akzeptanz von Störungen fühlen sich die betreffenden Mitglieder ernst genommen, gelangen in die Balance und empfinden Halt und Sicherheit. Störungen sind durchaus willkommen. Ich erlebe es stets produktiv. Die hierfür investierte Zeit ist keine verlorene Zeit, denn durch die Selbstzufriedenheit aller Mitglieder gelingt es, konzentriert und intensiv weiterzuarbeiten. Deshalb: Störungen haben Vorrang!

Sollten Störsymptome eines Mitglieds vorliegen, die nicht ausschließlich Ursache oder primär Inhalt des Gegenstandes sind oder in Bezug zur Familie / Gruppe stehen, soll der Coach / Trainer auf externe Hilfsangebote verweisen. Damit meine ich z.B. Persönlichkeitsstörungen, die durch einen Therapeuten, ggf. durch einen Facharzt behandelt werden sollten.

Motivation

Im Lernfeld der Familie / Gruppe wird dem Mitglied bewusst, weshalb es sich so verhält, wie es sich verhält. Im Zuge der Selbstreflexion werden eigene Ziele überprüft und in Frage gestellt. Diese korrespondieren mit den eigenen Werten, die das betreffende Mitglied in seinem Leben realisieren will. In diesem Raum wird für jeden die Motivation geschaffen, mit anderen Familien- / Gruppenmitgliedern über seine eigenen Fähig- und Fertigkeiten, Versagensängste, Kommunikations- und Handlungsprobleme und ebenso über seine kreativen Ressourcen und weiteren Möglichkeiten zu sprechen und dabei eigene Wertvorstellungen immer wieder neu verantwortlich zu überprüfen.

Ausdruck von Gefühlen

In dem geschützten Lernfeld der Familie / Gruppe erleben die Mitglieder, dass Ehrlichkeit und Offenheit in Bezug auf eigene Gefühle nicht nur gestattet sind, sondern oftmals von den anderen Personen belohnt werden. Dabei geht es um die Bewusstwerdung eigener Gefühle und deren Akzeptanz und sofern es derjenige will darum, diese im Handeln und Sprechen auszudrücken. Die Teilnehmer entdecken, wie sie mit ihren Gefühlen umgehen und wie sie bisher in der Vergangenheit damit gelebt haben. Aufgrund einer Bewusstseinsänderung entwickeln sie ein sicheres Gespür dafür, wie sie in Zukunft damit umgehen wollen.

Offenheit und Freiheit

Die Rückmeldungen der meisten Familien- / Gruppenmitglieder, die an einem Elternkurs, Elternseminar, Elterncoaching teilgenommen haben, besagen, dass sie offener, ehrlicher, aufrichtiger kommunizieren, dass sie ihren Familienmitgliedern mehr Vertrauen entgegenbringen, dass sie mit ihren Meinungen, Ideen, Vorschlägen und Wünschen sich nicht verstecken und diese explizit formulieren. Durch die Stärkung des eigenen Selbstwertgefühls aber auch der Stabilisierung der Familienbande zeigen sie im Alltag höhere Konfrontationsbereitschaft. Sie geben untereinander Feedback, holen Feedback für sich bewusst ein und leben in dem Bewusstsein, dass sie durch zuviel Offenheit in zwischenmenschlichen Beziehungen genauso viel Schaden erleiden können wie durch zu geringe Offenheit. Die Familien- / Gruppenmitglieder lernen in der Gruppe positive wie negative Gefühle zu verbalisieren und sich damit aktiv auseinander zu setzen.

Literatur

Antons, K.: Praxis der Gruppendynamik. Übungen und Techniken. Göttingen: Hogrefe 6, 1976

Battegay, R.: Der Mensch in der Gruppe. Sozialpsychologie und dynamische Aspekte. Band I. Bern: Hans Huber 5, 1976

Battegay, R.: Der Mensch in der Gruppe. Allgemeine und spezielle Gruppenpsychotherapeutische Aspekte. Band II. Bern: Hans Huber 3, 1971

Behme-Matthiesen, U. & Pletsch, T.: Räume-Träume-Grenzen. Materialien zur Themenorientierten Eltern-Kind-Gruppentherapie. Dortmund: Verlag Modernes Lernen 2007

Brocher, T.: Gruppenberatung und Gruppendynamik. Leonberg: Rosenberger Fachverlag 1999

Broich, J.: Rollenspiele mit Erwachsenen. Reinbek: Rowohlt 2, 1981

Burns, D. David: In zehn Tagen das Selbstwertgefühl stärken. Paderborn: Junfermann 2005

Däumling, A.M.: Angewandte Gruppendynamik. Selbsterfahrung-Forschungsergebnisse-Trainingsmodelle. Stuttgart: Klett Cotta 1974

De Jong, P. & Insoo, K. B.: Lösungen (er)finden. Das Werkstattbuch der lösungsorientierten Kurztherapie. Bd. 17 systemische Studien. Basel / Dortmund: verlag modernes lernen, 6. verb. und erw. Auflage 2008

Dießner, H.: Zur Neukonzeption ganzheitlicher Hilfen in der Erziehungsberatung. Essen: Blaue Eule 1993

Dießner, H.: Gruppendynamische Übungen und Spiele. Ein Praxishandbuch für Aus- und Weiterbildung sowie Supervision. Paderborn: Junfermann 5, 1997

Dießner, H.: Mein Gesichter-Malbuch. Ein neuer Weg zur Selbstreflexion. Paderborn: Junfermann 1998

Dießner, H.: Mein Masken-Malbuch. Ein neuer Weg zur Selbstreflexion. Paderborn: Junfermann 1998

Dießner, H.: Praxiskurs Selbst-Coaching. Mit allen Sinnen wahrnehmen. Übungen für den Alltag. Paderborn: Junfermann 1999

Dießner, H.: Mensch, Du lebst! Die 10 Schlüsselstrategien für ein erfolgreiches Leben www.activebooks.de Junfermann Verlag Paderborn 2003

Dießner, H.: Neue Gruppendynamische Übungen. Kreatives Kommunikations-Management. Paderborn: Junfermann Verlag 2004

Dießner, H.: Die Gruppe und ICH. ICH und die Gruppe. Kreatives Kommunikations-Management. Paderborn: Junfermann Verlag 2005

Douglas, T.: Wie man mit Gruppen arbeitet. Eine Einführung. Freiburg: Lambertus 1979

Fengler, J.: Feedback geben. Strategien und Übungen. Weinheim: Beltz 1998

Frank, J.: Persuasion and Healing. A Comparative Study of Psychotherapy, rev. ed Johns Hopkins 1973

Gäde, E.-G. & Listing, T.: Gruppen erfolgreich leiten. Empfehlungen für die Zusammenarbeit mit Erwachsenen. Mainz: Matthias-Grünewald Verlag 2, 1993

Geißler, K.A.: Anfangssituationen. Was man tun und besser lassen sollte. Weinheim: Beltz 6, 1994

Geißler, K.A.: Lernprozesse steuern. Übergänge: Zwischen Willkommen und Abschied. Weinheim: Beltz 2, 1999

Geißler, K.A.: Schlußsituationen. Die Suche nach dem guten Ende. Weinheim: Beltz 2, 1994

Gutte, R.: Gruppenarbeit. Theorie und Praxis des sozialen Lernens. Frankfurt: Diesterweg Verlag 1976

Hargens, J.: Systemische Therapie... und gut. Ein Lehrstück mit Hägar. Basel / Dortmund: verlag modernes lernen 3, 2006

Hargens, J.; Hansen-Magnusson, B. & Hansen-Magnusson, E.: Psychotherapie und Medizin: oder Zusammenarbeit ein wenig anders... Dortmund: *BORGMANN MEDIA* 2008

Kanfer, F. and Saslow, G.: Survey of current behavior therapies. In: Franks, C.M. (Ed.): Assessment an Status of the Behavior Therapies. New York: McGraw 1969

Küchler, J.: Gruppendynamische Verfahren in der Aus- und Weiterbildung, Grundlagen, Materialien, Einsatzmöglichkeiten. München: Kösel 1979

Küstenmacher, W.T. & Seiwert, L.J.: Simplify your life. Einfacher und glücklicher leben. Frankfurt: Campus 5, 2002

Langmaack, B. & Braune-Krickau, M.: Wie die Gruppe laufen lernt. Weinheim: Psychologie-Verlags-Union 6, 2000

Lazarus, A. A.: Behavior Therapy and Beyond. New York: McGraw 1971

Luft, J.: Einführung in die Gruppendynamik. Frankfurt: Fischer 1989

Maslow, A.A.: Psychologie des Seins. Ein Entwurf. Frankfurt: Fischer 3, 1988

Meyer, E. (Hg.): Handbuch Gruppenpädagogik-Gruppendynamik. Heidelberg: Quelle & Meyer Verlag 1977

Perkins, D.: Geistesblitze. Innovatives Denken lernen mit Archimedes, Einstein & Co. Frankfurt: Campus 2001

Rosenberg, M.B.: Gewaltfreie Kommunikation. Aufrichtig und einfühlsam miteinander sprechen. Neue Wege in der Mediation und im Umgang mit Konflikten. Paderborn: Junfermann 3, 2002

Schreyögg, A.: Coaching. Eine Einführung für Praxis und Ausbildung. Frankfurt: Campus 3, 1998

Schulz von Thun, F.: Miteinander Reden. Das „innere Team" und situationsgerechte Kommunikation. Reinbek: Rowohlt Tb. 1999

Schwäbisch, L. & Siems, M.: Anleitung zum sozialen Lernen für Paare, Gruppen und Erzieher. Kommunikations- und Verhaltenstraining. Reinbek: Rowohlt Tb. 1974

Shelton, J. & Ackerman, J.M.: Verhaltens-Anweisungen. Hausaufgaben in Beratung und Psychotherapie. München: J. Pfeiffer 1978

Stahl, E.: Dynamik in Gruppen. Handbuch der Gruppenleitung. Weinheim: Psychologie-Verlags-Union 2002

Staples, W.: Personal Coaching in Action. Durch die Macht der Überzeugung zum Erfolg. Paderborn: Junfermann 1998

Vopel, K.W. & Kirsten, R.F.: Kommunikation und Kooperation. München: Pfeiffer 3, 1977

Vopel, K.W.: Kommunikationsregeln in Gruppen. Mappe mit 12 Blättern. Hamburg: iskopress 1980

Watzlawick, P., Beavin, J.H. & Jackson, D.D.: Menschliche Kommunikation. Formen, Störungen, Paradoxien. Bern: Hans Huber 5, 1980

Familien- und Gruppenübungen

Wünsch dir was!

Erwartung / Selbsterfüllende Prophezeiung / Selbstwahrnehmung

Material:

Farbige Pappkarten mit passenden Kuverts, Stifte, Schreibunterlage

Hinweis:

Während der Durchführung I wird nicht gesprochen!

Durchführung I:

Jedes Mitglied der Familie/Gruppe schreibt anonym 3 Erwartungen auf, die es an den Kurs / Seminarverlauf hat. Die Karte wird in ein Kuvert gesteckt und zugeklebt.
Damit jeder später sein Kuvert wiederfindet, malt er / sie ein Symbol darauf.
Nun gilt es, sich von seinen Wünschen und Erwartungen zu verabschieden, um „Platz" für Neues zu machen.
Handlungsweisend wird ein großes Kuvert herumgereicht und jeder steckt bewusst seine Botschaft hinein.
Zum Ende des Kurses / Seminars kann jeder seinen Brief an sich nehmen.

Reflexion I:

— Wie hast du dich gefühlt?
— Welche Emotionen entstanden, als du deine Wünsche / Erwartungen an den Kurs / das Seminar aufgelistet hast?
— Hättest du dir lieber einen anderen Anfang gewünscht?
— Glaubst du, dass deine Wünsche erfüllt werden? Nicht benennen!
— Glaubst du, dass sich deine Wünsche / Erwartungen mit den Bedürfnissen der anderen Mitglieder decken?

Durchführung II:

Zum Abschluss des Kurses / Seminars:
Die Mitglieder sitzen im Kreis. Das große Kuvert wird vom Trainer / Coach geöffnet. Dabei werden die Einzelbriefe in die Mitte des Stuhlkreises platziert. Nun kann sich jeder an Hand seines Symbols bedienen.
Zunächst liest jeder still für sich seine damals fixierten Wünsche.
Ein freiwilliges Mitglied beginnt seine geschriebenen Wünsche vorzulesen und kann im Anschluss daran Stellung nehmen, inwieweit sich die Erwartungen erfüllt haben.
Er / sie soll auch äußern, was sich nicht erfüllt hat.
Die anderen Mitglieder können aus ihrer Sicht ergänzen, äußern ihre eigenen Erwartungen.

Jedes Mitglied soll die Möglichkeit zur Äußerung erhalten.
Abschließend fasst der Coach / Trainer zusammen und bringt die wesentlichen Aspekte auf den Punkt.
Dabei achtet er auf die positiven Äußerungen der Mitglieder, die er nochmals im Sinne der Rückmeldung hervorhebt. Zusätzlich erfolgt ggf. aus seiner fachlichen Sicht eine Ergänzung, um wichtige Schlüsselbegriffe des Kurses / Seminars zu untermauern.

Aspekte der Selbst- und Fremdwahrnehmung werden hierbei aus ihrer Sicht zwischen Kommunikation und Interaktion aus dem Familienalltag verdeutlicht. Beschrieben werden erlebte Gedanken, Gefühle, Äußerungen, Einschätzungen.
Weitere Wünsche bleiben für die Zukunft offen.

Reflexion II:

— Welches Selbstverständnis hast du heute von dir?
— Wie steht es heute mit deinem Selbstwert?
— Welchen Situationen fühlst du dich heute stark und gewachsen?
— Welche Möglichkeiten der Veränderung siehst du heute für dich?
— Was könntest du noch ändern?
— Was willst du als Nächstes ändern?

Modifikation:

Ein Brief an mich selbst adressiert. Mit den „besten Wünschen" von einem, der es gut mit mir meint!
Der Trainer / Coach schickt diesen nach 6 Wochen ab.

Kreative Verschreibung:

Eigene Wünsche für das nächste Familienjahr schreiben. Dabei die Umsetzungszeiten festlegen.

Notizen:

Darf ICH vorstellen ...

Selbst- und Fremdwahrnehmung / Einschätzung / Menschenkenntnis

Material:
– ./.

Durchführung I:
Die Familie / Gruppe bleibt im Plenum.
Jedes Mitglied der Familie / Gruppe sucht sich einen Partner, den er / sie vorstellen möchte. Die zwei Personen stellen sich in den Innenkreis. Person X stellt Person Y vor und umgekehrt.
Die Aufgabe ist, spontan sein Gegenüber von seiner / ihrer positiven „Seite" vorzustellen. Es kann mit der äußeren Beschreibung begonnen werden. Es gilt, die kreativen und interessanten Merkmale von Person X und Y für alle Mitglieder zu beleuchten. Auch charakterliche Stärken sollen erwähnt werden.

Hinweis:
Zeitaspekt: Für jeden Teilnehmer stehen maximal 10 Minuten zur Verfügung.

Reflexion I:
– Wie hast du dich in der Situation, als du vorgestellt wurdest, gefühlt?
– Welche Emotionen entstanden, als deine positiven Merkmale beschrieben wurden?
– Waren dir manche Beschreibungen peinlich?
– Stimmten manche Erklärungen überhaupt nicht?
– Hättest du dir für diese Übung lieber einen anderen Partner gewünscht?
– Glaubst du, dass deine wichtigsten Besonderheiten erwähnt wurden?
– Was möchtest du ergänzen?
– Hattest du in der umgekehrten Position Schwierigkeiten, manche positiven Merkmale deines Gegenübers zu sehen?
– Was hat dir dabei geholfen?
– Glaubst du, deine Familie / Gruppe wusste von deinen Qualitäten?
– Wurde heute so manch eine Wahrheit zum ersten Mal benannt?
– Wie steht es JETZT um deinen Selbstwert?

Modifikation:
Jedes Mitglied stellt sich selbst in einer positiven und möglichst realistischen Selbstbeschreibung vor.

Familien- / Gruppenübungen

Kreative Verschreibung:

Was kannst du in der Nachschau an der von dir dargestellten Person ergänzen?
Schreibe ihm / ihr eine Karte.

Notizen:

Wie wirke ICH auf andere?

Selbstdarstellung / Selbstwert / Selbst- und Fremdwahrnehmung / nonverbale Übung

Material:

DIN-A4-Papier, Stifte, Schreibunterlage

Hinweis:

Während der Übung wird nicht gesprochen!

Durchführung I:

Ein freiwilliges Mitglied der Familie / Gruppe stellt sich für 10 Minuten in die Mitte des Raumes.
Die anderen Mitglieder protokollieren Gestik, Mimik, Habitus.
Nach der Übung setzt sich die Person wieder auf ihren Platz.

Reflexion I:

— Wie hast du dich gefühlt?
— Welche Emotionen entstanden?
— Wo wärst du lieber gewesen?
— War es schwer, nichts sagen zu dürfen?
— Was hättest du am liebsten gesagt?
— Wäre es für dich angenehmer gewesen, du hättest auf einem Stuhl sitzen können?

Durchführung II:

Die Teilnehmer beschreiben das, was sie protokolliert haben.
Abschließend fasst der Coach zusammen und bringt das Wesentliche auf den Punkt.
Dabei achtet er auf die positiven Aspekte, die er nochmals im Sinne der Rückmeldung hervorhebt. Zusätzlich erfolgt ggf. aus seiner fachlichen Sicht eine Ergänzung, welche zur Stärkung der Persönlichkeit dient.

Durchführung III:

Die beobachtende Person kann aus ihrer Sicht unterschiedliche Wahrnehmungsaspekte der Kommunikation und Interaktion aus dem Alltag verdeutlichen. Dazu gehören die Familie, Verwandtschaft, Freunde, Bekannte, Arbeitskollegen.
Beschrieben werden Gefühle, Äußerungen, Einschätzungen.

Reflexion II:

— Welches Selbstverständnis hast du von dir?
— Wie steht es mit deinem Selbstwert?
— In welchen Situationen fühlst du dich stark?
— Welche Personen haben in diesen Situationen gern mit dir Kontakt?
— In welchen Situationen fühlst du dich schwach?
— Welche Personen umgeben dich in diesen Situationen?
— Welche Möglichkeiten der Informationsaufnahme bzw. des Wahrnehmens von Sprache, Gestik, Mimik, Körperhaltung und deren Bewertung hast du?
— Welche Möglichkeiten der Veränderung siehst du für dich?
— Was könntest du ändern?
— Was willst du als erstes ändern?

Durchführung IV:

Bei Bedarf: Hierarchieliste erstellen.

Reflexion III:

— Überprüfung der Hierarchieliste im Hinblick auf entsprechende Umsetzung und gezielte Fragen an die Familie / Gruppe.
— Evtl. Neuordnung der Liste.

Modifikation:

Zeitverlängerung auf 15 Minuten.
Stark verunsicherte oder ängstliche Mitglieder können Unterstützung durch den Coach erfahren, indem er sich neben die beobachtende Person stellt.
Die beobachtende Person kann sich innerhalb des Kreises bewegen.
Die Übung kann, wenn es sinnvoll erscheint mit weniger Durchführungseinheiten und Reflexionsphasen durchgeführt werden. Das ist abhängig von der Beobachtungsfähigkeit, dem Kommunikationsverhalten und dem Mut aller Beteiligten, offen über den Selbstwert und die eigenen Selbstwertprobleme zu sprechen.
Die im Fokus stehende Person bleibt während der Reflexionsphasen stehen.
Die Person in der Mitte sitzt auf einem Stuhl.

Kreative Verschreibung:

Frage I:
Welches Familien- / Gruppenmitglied hat für dich ein „neues Bild" gezeigt? Was hat dich daran positiv überrascht? Schreibe es in Stichworten auf.

Frage II:
Welche Konsequenzen kannst du daraus für einen konstruktiven kommunikativen Umgang ziehen?

Notizen:

Das Konzept der Wildgänse I

Kooperation / Verantwortung / Erwartung / Mitschwingungsfähigkeit / Ressourcen / Leitbild / Selbst- und Fremdwahrnehmung / verbale Übung / Metapher

Material:

DIN-A4-Blätter, Stifte, Schreibunterlagen

Durchführung I:

Wildgänse fliegen ästhetisch, in einer auffälligen Keilform. Die Kooperation der Wildgänse macht deutlich, welche Gesetzmäßigkeiten in der Gruppe bzw. Familie notwendig sind, um erfolgreich zusammenzuarbeiten. Durch die Positionierung der Wildgänse in Keilform sind sie in der Lage, ihre Fluggeschwindigkeit um 71 % zu steigern. Das bedeutet, in der Gruppe, sprich Familie, fliegen sie schneller als allein.
Das Einhalten von Normen und Regeln hält die Gruppe / Familie zusammen. Die Kommunikation muss verbal und nonverbal stimmen.
Wenn eine Wildgans aus der Formation ausschert, was ja auch in Gruppen und Familien vorkommt, so bekommt der- / diejenige plötzlich den Windwiderstand stärker zu spüren.
Wird die leitende Wildgans müde, so kann sie sich ohne Statusverlust zurückfallen lassen, um sich im hinteren Bereich einzuordnen. Just übernimmt in diesem Moment eine andere Gans die Führung.
So kann in einer Gruppe, in einer Familie eine andere Person die Führung übernehmen. Wenn in der Familie mal der Vater, mal die Mutter, meistens durch Rollenzuschreibung bedingt, die Führung übernehmen, sich aber im Hinblick auf das Leitbild, d.h. Familienkonzept einig sind, so ist das in Ordnung.

Nun kommt es in unser heutigen Gesellschaft vor, dass Eltern nicht die Führung übernehmen, so dass dann oftmals die Kinder die Führung in der „Hand" haben. Sie sind diejenigen, die Verantwortung übernehmen wollen, die den Kurs bestimmen und somit die Elternrolle übernommen haben.
Leider kommt es vor, dass diese Kinder oder Jugendlichen ihre Eltern mit verbaler und körperlicher Aggression behandeln. Aus Scham vor der Öffentlichkeit suchen diese Eltern keine Hilfe von außen auf.
HIER herrscht dringender Handlungsbedarf!

Durchführung II:

Die Familie / Subgruppe verlässt das Plenum, um sich zu beratschlagen, welche Familiensequenz gespielt werden soll.

Die Familie / Subgruppe stellt nach Anzahl der Personen einige Stühle in die Mitte des Kreises und spielt eine typisch konfliktbelastete Familien- / Gruppensituation aus dem Alltag nach. Jedes Familienmitglied soll seine Rolle spielen.

Die anderen Mitglieder beobachten und protokollieren das Verhalten der Teilnehmer und das Gesamtgeschehen.

Hinweis:

Je nach Familien- / Gruppengröße können Subgruppen gebildet werden.
So erhält Gruppe A den Auftrag, die Teilnehmer zu beobachten.
Gruppe B beobachtet das Gesamtgeschehen.

Reflexion I:

— Wie hast du dich in deiner Rolle gefühlt?
— Welche Emotionen haben dein Handeln bestimmt?
— Konntest du in dieser Sitzkonstellation deine übliche Position einnehmen?
— Haben dich die anderen Mitglieder eingeschränkt, bedrängt?
— Ist dir ein Positionswechsel gelungen?
— Konntest du seiner / ihrer Führung vertrauen?
— Welcher Führung würdest du gerne vertrauen?
— Hast du Vater, Mutter geglaubt, dass sie im Interesse aller Familienmitglieder nach der „besten Entscheidung" suchen?
— Wer hat wann die Macht?
— Warum ist das so?
— Wie ist das Verhältnis von Nähe und Distanz zu den Mitgliedern untereinander?
— Wer wünscht sich wen an der Spitze zum Führen der Formation?
— Glaubst du, dass die anderen Mitglieder ähnlich denken?
— Welche Wünsche hast du im Hinblick auf Übernahme von Führung, Leitung, Verantwortung für deine Familie?

Durchführung III:

Alle Teilnehmer nehmen ihre Stühle und reihen sich in die Runde ein.
Im Zuge einer Auswertung moderiert der Coach / Trainer den weiteren Verlauf der Familien- / Gruppensitzung.
Auf dem Flip-Chart visualisiert er in der oberen Hälfte des Blattes die Positionierung der beteiligten Mitglieder mit dem Vermerk „IST-Zustand".
In der unteren Hälfte unter dem Stichwort „SOLL-Zustand" werden zunächst mit Beteiligung der Rollenteilnehmer erste Versuche einer sinnvollen Umstrukturierung diskutiert und fixiert.
Im weiteren Verlauf äußern sich die restlichen Gruppenmitglieder zu der neu entwickelten Struktur, später auch zu den Inhalten.

Reflexion II:

— Wie siehst du JETZT deine Familie?
— Glaubst du, so kann Familienleben gelingen?
— Bist du bereit, Verantwortung, Führung zu übernehmen?
— Wer kann und soll dir dabei behilflich sein?
— Bist du bereit, Führung abzugeben?
— Wie steht es um deinen Selbstwert?
— Welchen Situationen würdest du dich stark und gewachsen fühlen?
— Welche weiteren Möglichkeiten der Veränderung siehst du für deine Familie?
— Was könntest du selbst noch ändern?
— Was wird der erste Schritt sein?

Modifikation:

Der „Führende" in der Familie / Gruppe bestimmt ein anderes Mitglied zur Übernahme der Führung.
Der Coach / Trainer überträgt direkt die Führungsverantwortung auf den Vater oder die Mutter.

Kreative Verschreibung:

Überlege, wer für eine gewisse Zeit „eine helfende Hand" in deiner Familie / Gruppe sein könnte?
Welche konstruktiven Veränderungsmöglichkeiten siehst du noch?

Notizen:

Das Konzept der Wildgänse II

Interaktionsübung / Kooperation / Verantwortung / Unterstützung / Mitschwingungsfähigkeit / Ressourcen / Leitbild / Selbst- und Fremdwahrnehmung / Metapher / verbale und nonverbale Übung

Material:
– ./.

Durchführung I:
Wildgänse fliegen ästhetisch, in einer auffälligen Keilform. Usw., s. vorangestellter Text, der nach Bedarf modifiziert mit entsprechenden Merkmalen im Sinne der Übung übernommen werden kann.
Ergänzender Text zur weiteren Anregung:
Die führende Wildgans, der diese Rolle zuerkannt werden soll, erfährt durch die Familien- / Gruppenmitglieder Unterstützung. Während des Fluges rufen die Mitglieder der führenden Person mutmachende Botschaften zu. So gelingt es der Person, dass sie den Kurs und die Geschwindigkeit beibehält.

Hinweis:
Zeitaspekt für die Außenübung: 20 Minuten.

Durchführung II:
Alle Teilnehmer begeben sich nach draußen. Die Übung beginnt nonverbal:
Eine Familie (je nach Größe; sonst ein Teil der Familie) bzw. Gruppe stellt sich ohne verbale Absprache in Startposition auf.
Der Führende bestimmt den Start, das Tempo der Bewegung, des Gehens, Laufens, Rennens. Dabei sollen die Arme im Sinne des Flügelschlages bewegt werden.

Die anderen Mitglieder beobachten das Verhalten der Teilnehmer sowie das Gesamtgeschehen.

Hinweis:
Je nach Familien- / Gruppengröße werden Subgruppen gebildet.
Gruppe A setzt die Übung um.
So erhält Gruppe B den Auftrag, die Teilnehmer zu beobachten.
Gruppe C beobachtet das Gesamtgeschehen.

Reflexion I:
— Hat es dich Überwindung gekostet, die Arme während des Laufens zu bewegen?

- War für dich der Zeitaspekt zu lang?
- Wie hast du dich in deiner Rolle gefühlt?
- Welche Emotionen haben dein Führungshandeln bestimmt?
- Musstest du aussetzen?
- Haben dich die anderen Mitglieder eingeschränkt, bedrängt?
- Warst du mit der Einnahme deiner Position zufrieden?
- Ist dir ein Positionswechsel gelungen?
- Konntest du seiner / ihrer Führung vertrauen?
- Wer hätte deiner Meinung nach führen sollen?
- Wer führt sonst?
- Warum ist das so?
- Welche Wünsche hast du im Hinblick auf Übernahme von Führung, Leitung, Verantwortung für deine Familie?

Durchführung II:

Im Zuge einer Auswertung moderiert der Coach / Trainer den weiteren Verlauf der Familien- / Gruppensitzung.
Der „IST-Zustand" wird diskutiert.
Es gibt mit den gleichen Teilnehmern eine zweite Runde.
Unter Berücksichtigung des „SOLL-Zustandes" werden neue Positionen diskutiert und festgelegt.

Die Aufgabe der Beobachter wird sein, dass sie verstärkt auf Gestik, Mimik und Bewegungsmuster der Teilnehmer achten.

Reflexion II:

- Was hast du in deiner neuen Position empfunden?
- Was hast du JETZT verändert?
- Wie fühlst du dich JETZT?
- Wie siehst du JETZT deine Familie?
- Glaubst du, so kann Familienleben gelingen?
- Bist du bereit, Verantwortung, Führung zu übernehmen?
- Wer kann und soll dir dabei behilflich sein?
- Bist du bereit, Führung abzugeben?
- Wie steht es um deinen Selbstwert?
- Welchen Situationen würdest du dich stark und gewachsen fühlen?
- In welchen Bereichen benötigst du Unterstützung?
- Wer sollte oder kann das leisten?
- Welche weiteren Möglichkeiten der Veränderung siehst du für deine Familie?

— Was könntest du selbst daran ändern?
— Was wird der erste Schritt sein?

Modifikation:

Der „Führende" in der Familie / Gruppe bestimmt ein anderes Mitglied zur Übernahme der Führung.
Der Coach / Trainer überträgt direkt die Führungsverantwortung auf den Vater oder die Mutter.

Kreative Verschreibung:

Aufgabe zur nächsten Sitzung: Wie können Führungsaufgaben im Familienalltag offen und sinnvoll diskutiert werden.

Notizen:

Das Konzept der Wildgänse III

Kooperation / Verantwortung / Unterstützung / Mitschwingungsfähigkeit / Ressourcen / Leitbild / Selbst- und Fremdwahrnehmung / Metapher

Material:

DIN-A4-Blätter, Stifte, Schreibunterlagen

Durchführung I:

Wildgänse fliegen ästhetisch, in einer auffälligen Keilform. Usw., s. vorangestellter Text I und II, der nach Bedarf modifiziert mit entsprechenden Merkmalen im Sinne der Übung übernommen werden kann.
Ergänzender Text zur weiteren Anregung:
Bei Krankheit in der Familie oder durch Tod.
Fällt eine Gans durch Krankheit oder Verletzung aus, so fliegen zwei „Familien- / Gruppenmitglieder" aus der Formation, um die erkrankte Wildgans zu beschützen. Sie bleiben bei ihr, bis sie wieder fliegen kann oder gestorben ist.
Erst dann fliegen sie weiter und schließen sich zunächst einer anderen Formation an, bis sie ihre Gruppe wieder gefunden haben.

Hinweis:

Zeitaspekt für die Außenübung: 20 Minuten.

Durchführung II:

Die Familie, Teilfamilie, Gruppe diskutiert die Metapher im Sinne der Brauchbarkeit und der z.T. eingeschränkten sinnvollen Praktikabilität.

Die anderen Mitglieder beobachten das Verhalten der Teilnehmer sowie das Gesamtgeschehen.

Hinweis:

Je nach Familien- / Gruppengröße können Subgruppen gebildet werden.
So erhält Gruppe A den Auftrag, die Teilnehmer zu beobachten.
Gruppe B beobachtet das Gesamtgeschehen.

Reflexion I:

— Wie siehst du in dieser Fortsetzung Möglichkeiten deiner Beteiligung?
— Siehst du dich in solchen Situationen unterstützt?
— Wenn ja, wie?
— Welche Gefühle entstehen dabei?
— Welche Ideen hast du, um die Metapher weiter zu entwickeln?

— Wer ist in deiner Familie die „Krankenschwester, der Pfleger"?
— Wer ist in der Familie der helfende Berater?

Modifikation:

Die Familie / Gruppe führt aus dem eigenen Erfahrungshintergrund ein Rollenspiel auf.

Kreative Verschreibung:

Gibt es Altlasten, über die bewusst oder unbewusst nicht mehr gesprochen wird?
Mach dir zu diesem Vorgang Notizen.

Notizen:

Der Clown

Mut / Spontanität / Selbstdarstellung / Selbstvertrauen / Selbst- und Fremdwahrnehmung / verbale Übung

Material:

Kleidung, Kappen, Hüte, Mützen, Schuhe, Ketten, sonstiges Zubehör

Durchführung:

Jedes Familien- / Gruppenmitglied besorgt sich einige interessante Kleidungsstücke, die möglichst bunt und schrill aussehen.
Sämtliche Kleidungsstücke sowie das Zubehör werden in einem anderen Zimmer auf einen Kleiderständer oder Garderobenständer gehängt.
Die Teilnehmer sitzen im Kreis.
Ein freiwilliges Mitglied verlässt in Begleitung des Coaches den Raum und verkleidet sich. Der Coach wird über sein / ihr Thema informiert und begibt sich ins Plenum.
Ist der Clown in seine Rolle „geschlüpft", kommt er in die Gruppe.
Er / sie kann singen, tanzen, reden, die anderen Mitglieder einbeziehen, direkt ansprechen, herausfordern usw.
In der Rolle des Clowns hat er / sie viele Freiheiten, denn er / sie hat die „Narrenkappe" auf.

Hinweis:

Ohne Zeitlimit!
Bei aller Provokation und Animation darf das Gegenüber nicht beleidigt oder als Person in Frage gestellt werden!
Darauf hat auch der Coach zu achten. Da „Ausrutscher" in einer spontanen und emotionalen Situation schnell, auch ungewollt auftreten können, muss der Coach geschickt intervenieren und in das vorausgegangene Thema überleiten.
Der Coach trägt für einen positiven Abschluss der Übung die Mitverantwortung und leitet in die Reflexionsphase ein.

Reflexion I:

— Wie hast du dich in deiner Rolle gefühlt?
— War die Narrenkappe für dich ein hilfreiches Requisit?
— Wie fühlst du dich JETZT?
— Welche Emotionen waren vorhanden?
— Konntest du einige Aspekte verdeutlichen, die du schon immer loswerden wolltest?
— Hast du aus deiner Sicht, „den Nagel auf den Kopf getroffen"?

- Hast du jetzt außerhalb der Situation andere, aus deiner Sicht bessere Ideen?
- Würdest du deine Rolle gerne zu einem späteren Zeitpunkt wieder spielen?
- Was wäre dir dabei wichtig?
- Gibt es noch andere Rollen in Bezug zu anderen Familien- / Gruppenmitgliedern, die du gern spielen möchtest?
- Möchtest du zu deiner Rolle noch einen Satz sagen?

Modifikation:

Als nonverbale Übung durchführen. Neben der Kleidung, dem Schmuck usw. soll zusätzlich Wert auf Gestik, Mimik, den gesamten Habitus gelegt werden.
Die zuschauenden Mitglieder oder ein Teil derer (wird vorher festgelegt), protokollieren, was sie sehen bzw. je nach Übungsform, auch was sie hören.
Zeitvorgabe.
Verunsicherte oder ängstliche Mitglieder können Unterstützung durch den Coach erfahren, indem er sich neben den Akteur stellt.
Die Übung ausschließlich mit positiv verstärkenden Inhalten versehen.
Letzter Aspekt ist auch als Anschlussübung sinnvoll.

Kreative Verschreibung:

Überlege dir genau, wem du welches „Clownkostüm" und welche Rolle zuschreiben möchtest. Halte es schriftlich für die nächste Sitzung fest.

Notizen:

Gestresste Mutter – gestresster Vater

Mut / Spontanität / Selbstdarstellung / Selbstvertrauen / Selbst- und Fremdwahrnehmung / verbale Übung

Material:

– ./.

Durchführung I:

Um ein erfülltes Leben zu führen, brauchen alle Familien- / Gruppenmitglieder die nötige Energie und den erforderlichen Mut.
Das klingt schlicht und einfach – ist es aber nicht. Diese zwei wichtigen Schlüsselbegriffe sind nur beispielhaft erwähnt, damit nicht Unmengen an Text erscheinen müssen.
Der Alltag mit seinen Besonderheiten und auch Widrigkeiten fordert jedes einzelne Mitglied und somit die Familie / Gruppe heraus. Dennoch: ICH entscheide mich immer wieder neu, wie ICH mit Herausforderungen bzw. auch Widrigkeiten umgehe.
Mal gelingt es mir gut, mal nicht so gut. Das liegt an meiner persönlichen Verfassung. Auch wenn für mich die Familie Priorität hat, muss ICH und darf ICH auch an mich denken. Das nenne ICH „PSYCHOHYGIENE"!
Bei allem gutgemeinten Engagement, darf ICH mich nicht aus den „Augen" verlieren.
Jeder Mensch, so auch ICH als Mutter, Vater brauche Aus-Zeiten bzw. Ruhe-Inseln, um in der Balance zu bleiben.
ICH muss es mir fest vornehmen und die Zeiten dafür fest einplanen. Die innere Ruhe im oftmals hektischen Alltag finden, das ist heute die Kunst des Lebens.
Einfach dem Lärm des Alltags, der Familie bewusst entfliehen zu dürfen, um der Gefahr zu entgehen, sich selbst nicht mehr zu hören.
Denn: Der Familie hilft es wenig, wenn du ausgebrannt bist und nur noch aus der Überforderung gereizt und genervt reagierst.
Setze ein STOPP! Sage es laut: STOPP! Jetzt ist meine Zeit. Zeit für mich.
Für mich ganz allein! ICH brauche es! Nutze die Zeit ganz für dich allein.
Du brauchst kein schlechtes Gewissen zu haben. Es ist dein Recht!

— Diskutiere innerhalb des Plenums mit deinem Partner, mit deinem Kind, deinen Kindern.
— Setze die Zeit / Zeiten für dich fest.

Hinweis:

Diskussion mit Zeitvorgabe von 15 Minuten.
Der Coach schaut auf die Uhr.

Durchführung II:

Frage dich als Mutter, als Vater: Was tut mir wirklich gut?

— Entspannungsübungen
— Wellnes
— Spaziergang
— Sport
— Stadtbummel
— Kaffee trinken gehen
— Freundin / Freund besuchen
— Essen gehen
— Buch kaufen

Bei all dem, was du tust, kommt es auf einen entspannten Umgang mit dir selbst an. Suche und finde nach und nach das richtige Verhältnis von An- und Entspannung.
Höre auf deine innere Stimme!

Hinweis:

Mit Zeitvorgabe von 15 Minuten.
Der Coach schaut auf die Uhr leitet in die Reflexionsphase ein.

Reflexion I:

— Welchen Zeitrahmen willst du dir täglich, wöchentlich setzen?
— Kommen dir Selbstzweifel, ob du dir die Aus-Zeit nehmen darfst?
— Welchen Wert misst du der Aus-Zeit zu?
— Wirst du dir die Aus-Zeit fest in deinen Tages-, Wochenrhythmus einplanen?
— War die Diskussion anstrengend, belastend?
— Bist du mit deinem Ergebnis zufrieden?
— Fühlst du dich gestärkt, verstanden?
— Wirst du das Thema life balance demnächst insgesamt stärker in deinem Leben beachten?
— Hast du noch weitere Ideen?
— Wie hoch ist deine Motivation auf einer Scala von 1 – 10?

Modifikation:

Nach der Übung sich selbst eine schöne Karte mit einem bedeutenden Merksatz schreiben und diese Karte anschließend sichtbar im Haus / in der Wohnung aufhängen.

Kreative Verschreibung:

Halte schriftlich fest, wann du eigentlich dein STOPP-Schild hättest aufstellen sollen.

Notizen:

Was ICH schon immer einmal sagen wollte!

Mut / Spontanität / Frust loswerden / Selbstdarstellung / Selbstwert / Selbst- und Fremdwahrnehmung / verbale Übung

Material:

Glocke, Tisch

Durchführung:

Die Teilnehmer sitzen im Kreis.
Ein Mitglied der Familie / Gruppe steigt mit der Glocke in der Hand auf den Tisch.
Er läutet laut seine Botschaft ein und beginnt seinen Frust, sein Nicht-gehört-Werden, sein Sich-nicht-verstanden-Fühlen etc. von der Seele zu reden.

Er spricht Kommunikationsprobleme an ohne andere Personen zu beleidigen, anzugreifen oder die Person in Frage zu stellen.
Ist der Redner fertig, läutet der den Abschluss ein.

Hinweis:

Ohne Zeitlimit!

Reflexion I:

— Wie fühlst du dich JETZT?
— Wie hast du dich während des Redens gefühlt?
— Welche Emotionen waren vorhanden?
— Konntest du deine Botschaft loswerden?
— Gibt es noch Reste?
— Glaubst du, dass einige Äußerungen grenzwertig waren?
— Hättest du lieber etwas anderes gesagt?
— Möchtest du noch etwas nachkorrigieren?
— Wenn es eine zweite Runde geben würde, würdest du gern die Gelegenheit nutzen?
— Wie war es für dich, dass du größer als die anderen warst?

Modifikation:

Die Teilnehmer protokollieren, was ihnen beim Redner auffällt.
Zeitvorgabe.
Stark verunsicherte oder ängstliche Mitglieder können Unterstützung durch den Coach erfahren, indem er sich neben den Redner stellt.

Bei einmaliger Durchführung wird zuvor der Redner aus dem Plenum geschickt, sodass die Beobachter die folgende Information erhalten:
Es werden nur die negativen Botschaften festgehalten.
Es werden nur die positiven Botschaften festgehalten.

Kreative Verschreibung:

Frage dich selbstkritisch: Gab es Situationen in der Vergangenheit, wo du im Familien-, Gruppenalltag zu laut geworden bist?
Kam es (zu) häufig vor?
Welche Möglichkeiten der Wiedergutmachung siehst du?
Wie willst du dich entschuldigen?

Notizen:

Alltagsgeschichten, die mir wichtig sind!

Flexibilität / Spontanität / Mut / Selbstdarstellung / Selbstwert / Selbst- und Fremdwahrnehmung / verbale Übung

Material:

Schlüsselbund

Durchführung:

Die Teilnehmer stehen im Kreis.
Ein Mitglied der Familie / Gruppe oder der Coach beginnt mit einer Geschichte aus seinem Leben.
Das Startthema bestimmt derjenige, der beginnt. Dabei sollen spontan Kommunikationsprobleme aus dem Alltag geschildert werden.
Jeder Redner erhält 5 Minuten an Zeit und hält während des Sprechens den Schlüsselbund in seiner Hand.
Der Coach stoppt die Zeit und gibt ein lautes und deutliches Signal, damit der Redner seinen Satz sofort unterbricht und den Schlüsselbund fallen lässt.
Ein anderes Familien-, Gruppenmitglied nimmt den Schlüsselbund auf und setzt seine Alltagsgeschichte fort, indem er den Satz sinnvoll fortführt und flexibel nach und nach seine ihm wichtige Botschaft einbringt.

Hinweis:

Während des Erzählens kann der Betreffende in der Mitte des Kreises stehen oder sich auch je nach Platzfreiheit bewegen.

Reflexion:

— Wie hast du dich in der Rolle des Erzählenden gefühlt?
— Welche Emotionen entstanden?
— Wie fühlst du dich JETZT?
— Wie bewertest du JETZT deine spontan geäußerten Botschaften?
— Wie siehst du deine Entscheidungen, Handlungen in der Nachschau?
— Würdest du aus der Distanz anders entscheiden und handeln?
— Brennt das sogenannte Alltagsproblem noch unter den „Nägeln"?
— Musstest du in der Situation des Erzählenden viel Energie investieren?
— Spürst du im Nachhinein eine Gelassenheit in Bezug zur Situation?
— Konntest du den thematischen Faden problemlos aufgreifen?
— Warst du froh, als die Zeit um war?
— Wie hast du dich gefühlt, als du ins Stocken kamst?
— Wie hast du dich gefühlt, als du nicht mehr weiter wusstest?

— Welche Personen hatten in diesen Situationen mit dir Kontakt?
— Welche Möglichkeiten der Veränderung siehst du für dich?
— Was könntest du ändern?
— Was willst du als Erstes ändern?

Der Coach zieht Bilanz und fasst das Wesentliche zusammen.
Die positiven Aspekte und die negativen Aspekte werden in der Rückschau auf dem Flip Chart gegenübergestellt.
Das Positive wird in der Rückmeldung besonders hervorgehoben.

Modifikation:

Zeitverlängerung auf 10 Minuten.
Die anderen Teilnehmer sitzen im Kreis und protokollieren, was sie wahrgenommen haben.
Die erzählende Person in der Mitte sitzt auf einem Stuhl.

Kreative Verschreibung:

Schreibe positive Erlebnisse auf, die im Rahmen einer Folgeübung umgesetzt werden können.

Notizen:

Gedacht – aber nie gesagt

Fühlen / Denken / Handeln / Kommunikation / Interaktion / Mut / Loslassen / Spontanität / Frust loswerden / Selbstdarstellung / Selbstwert / Selbst- und Fremdwahrnehmung / verbale Übung

Material:

Stuhl, Tisch, Podest, Kissen

Durchführung I:

Die Familie / Gruppe sitzt im Kreis.
Mittig befindet sich ein o.g. Objekt.
Coach: Jedes Familien- / Gruppenmitglied soll einen Gedanken-STOPP setzen.
Einfach anhalten, innehalten und über folgende Frage nachdenken:
Was habe ich oftmals gedacht – aber nie gesagt?

Prozess der Selbstreflexion:

Ohne Zeitlimit!
Gedankenwirrwarr, Chaos im Kopf selektieren, sondieren, Prioritäten setzen.
Nach diesem individuellen Prozess begibt sich ein Mitglied in die Mitte, stellt sich auf ein vorhandenes Objekt und äußert seine bislang geheimen Gedanken, die er bisher in der Familie / Gruppe nicht geäußert hat.
Er bleibt in der Mitte und setzt sich anschließend auf das Kissen.

Reflexion I:

— Wie hast du dich dabei gefühlt?
— Welche Ängste und Sorgen entstanden bereits während der Selbstreflexion?
— Wie fühlst du dich JETZT, nachdem du deine Gedanken und Gefühle geäußert hast?
— Konntest du deine geheime Botschaft loswerden?
— Oder gibt es noch Reste?
— Glaubst du, dass deine Botschaft grenzwertig war?
— Würdest du es JETZT anders formulieren?
— Möchtest du noch etwas nachkorrigieren?

Reflexion II:

— Wie wirken die Äußerungen auf die Familie / Gruppe?
— Welche Gedanken, Gefühle, Befürchtungen sind vorhanden?

- Welche Fragen gibt es dazu?
- Welche Rückmeldungen möchte der eine oder andere der betreffenden Person mitteilen?
- Wer könnte sich zutrauen, ebenso mutig zu sein?

Reflexion III:

Reflexion und Auswertung zu folgenden Inhalten:
Kommunikationsstrukturen, Werte, Normen, Traditionen, Macht, Gewinner – Verlierer, Verständnis, Achtung, Wertschätzung, Toleranz, liebevolle Zuwendung, Alltagsabläufe, Verpflichtungen.

Reflexion IV:

- Wo stehe ich?
- Wo bleibe ich mit meinen Bedürfnissen, Wünschen, Sehnsüchten?
- Wo befindet sich unsere gemeinsame Basis?

Durchführung II:

Das im Fokus „stehende" Mitglied stellt sich erneut auf das vorhandene Objekt und äußert, was es in Zukunft sagen möchte.
Ich werde in Zukunft meine Gedanken und Gefühle äußern!
Beginne deine Äußerung/en mit: „Ich will ", „Ich werde".

Reflexion V:

- Wie geht es dir jetzt, nachdem du dein Anliegen willentlich kundgetan hast?
- Welche Anker kannst du setzen, damit du dir Mut machst und der Gefahr vorbeugst, dass du in dein altes Fahrwasser kommst?

Hinweis:

Als Aufrichter bzw. Mutmacher benutze ich einen Button, Aufkleber, eine Karte und hefte sie an die Pin-Wand, den Kühlschrank, lege, klebe sie in den Kalender etc.

Modifikation:

Die Übung lässt sich zunächst hervorragend als nonverbale Übung durchführen. Dabei werden gedachte Aspekte gemalt oder aufgeschrieben.
Gesprochen wird erst in der Reflexion.

Kreative Verschreibung:

Jedes Familien-, Gruppenmitglied bastelt sich oder kauft sich den zur Person passenden Aufrichter.

Notizen:

Warmer Regen

Selbstwert / ICH-Stärke / ICH-Aufbau / Selbstwahrnehmung

Material:

– ./.

Durchführung I:

Dem Familien- / Gruppenmitglied etwas Gutes zusprechen, was diese Person ausmacht bzw. auszeichnet.
In der Familie / Gruppe werden Kleingruppen aus drei Personen gebildet.
Zwei Personen stellen sich hinter den Rücken der Person, um die es als erstes geht.
Abwechselnd, ohne dass eine Reihenfolge eingehalten werden muss, beschreiben die „Regenspender" die besonderen Merkmale ihres Mitgliedes.

Hinweis:

Zeitaspekt, pro Person 10 Minuten.

Reflexion I:

Alle Teilnehmer machen durch die überlegte Personen- und Merkmalbeschreibung die Erfahrung, dass es sich um einen wertvollen Menschen handelt. Durch zwei „Hintermänner" wird eine Fülle von Besonderheiten deutlich.

Durchführung II:

Ohne weitere Besprechung erfolgen die weiteren zwei Durchgänge.
Die Familie / Gruppe trifft sich im Plenum.

Reflexion II:

- Wie fühlte sich der warme Regen an?
- Warst du verwundert über die vielen positiven Beschreibungen?
- Hast du Veränderungen an deiner Körperhaltung bemerkt?
- Bist du erstaunt, was deine Familien- / Gruppenmitglieder von dir wissen, an dir kennen?
- Was war für dich neu?
- Was hast du bisher nur geahnt und heute das erste Mal ausgesprochen gehört?
- Wie fühlt es sich JETZT noch an?
- Was willst du in Zukunft mit diesem Potenzial machen?

- Fühlst du dich durch die positiven Beschreibungen beschenkt?
- Welche Botschaft war für dich noch einmal eine Bestätigung?

Reflexion III:

- Wie war es für dich hinter dem Rücken deines Familien- / Gruppenmitglieds?
- Wie hast du dich dabei gefühlt?
- Warst du froh, hinter seinem / ihrem Rücken die positiven Eigenschaften auszusprechen?
- Hättest du es ihm / ihr ins Gesicht sagen können?
- Warst du über dich selbst erstaunt?
- Wäre dir in einer Alltagssituation genauso viel zu dieser Person eingefallen?
- Welche Gedanken und Gefühle waren direkt nach dem Rollenwechsel in dir?
- Wie fühlst du dich JETZT?

Modifikation:

Für jede Person während der Beschreibung ein Band mitlaufen lassen.
Solche Beschreibungen werden von den Beteiligten immer wieder gerne angehört, da es sich um aufbauende und mutmachende Botschaften handelt.
Jede Dreiergruppe erhält einen Protokollanten.

Kreative Verschreibung:

Welcher Person möchte ICH eine besondere Botschaft schriftlich mitteilen? Um deine Wertschätzung gegenüber diesem Menschen auszudrücken, kaufe eine besondere Karte, auf der du deinen Text schreibst.

Notizen:

Wohlfühlbad

Selbstwahrnehmung / Fremdwahrnehmung / Selbstwert / ICH-Kompetenz / Ressourcen / Konzentration / Aufmerksamkeit / verbale Übung

Material:

– ./.

Durchführung I:

Dem Familien- / Gruppenmitglied etwas Positives zusprechen, was in dieser Person bereits vorhanden ist und ihm dabei in die Augen schauen. Hier geht es um die bewusste Lenkung der Aufmerksamkeit und der Zuwendung.
Die verbale Kommunikation wird durch die bewusste Lenkung der Augen unterstützt.
Durch die „Sprache" der Augen werden Emotionen, auch verdeckte Emotionen transportiert, die weitreichende positive Wirkungen möglich machen.
Für Paare kann auch „verschüttete" Liebe, die unter der Last des Alltags weder sichtbar noch spürbar war, wieder neu belebt werden.

In der Familie / Gruppe werden Kleingruppen aus drei Personen gebildet.
Zwei Personen stellen sich vor die Person, um die es als erstes geht.

Abwechselnd, ohne dass eine Reihenfolge eingehalten werden muss, beschreiben die „Bademeister" die besonderen Merkmale ihres Mitgliedes und schauen ihm dabei tief in die Augen.

Hinweis:

Zeitaspekt, pro Person 10 Minuten.

Reflexion I:

Alle Teilnehmer machen durch die überlegte Personen- und Merkmalbeschreibung die Erfahrung, dass es sich um einen wertvollen Menschen handelt. Durch zwei „in front of Männer" wird eine Fülle von Besonderheiten deutlich, die mitten ins Herz gehen.

Durchführung II:

Ohne weitere Besprechung erfolgen die weiteren zwei Durchgänge.
Die Familie / Gruppe trifft sich im Plenum.

Reflexion II:

— Wie war das Wohlfühlbad?

- Ist dein Herz berührt?
- Was fühlst du auf deiner Haut?
- Sind deine Knie weich geworden?
- War dir zum Heulen zumute?
- Warum hast du deine Tränen unterdrückt?
- Was fühlst du JETZT?
- Warst du verwundert über die Vielzahl der positiven Beschreibungen?
- Hast du Veränderungen an deiner Körperhaltung bemerkt?
- Bist du erstaunt, was deine Familien- / Gruppenmitglieder von dir wissen, an dir kennen und schätzen?
- Was war für dich neu?
- Was hast du bisher nur geahnt und heute das erste Mal ausgesprochen gehört?
- Wie fühlt es sich JETZT noch an?
- Wirst du für dich neue Entscheidungen treffen?
- Was willst du in Zukunft mit diesem Potenzial machen?
- Fühlst du dich durch die positiven Beschreibungen beschenkt?
- Welche Botschaft war für dich noch einmal eine Bestätigung?

Reflexion III:

- Konntest du deinem Familien- / Gruppenmitglied, während du gesprochen hast, in die Augen sehen?
- Wie hast du dich dabei gefühlt?
- Was ist in dir passiert?
- Hättest du es ihm / ihr lieber nur aufgeschrieben?
- Warst du über dich selbst erstaunt?
- Bist du über dich selbst hinausgewachsen?
- Wäre dir in einer Alltagssituation genauso viel zu dieser Person eingefallen?
- Welche Gedanken und Gefühle waren direkt nach dem Rollenwechsel in dir?
- Wie fühlst du dich JETZT?

Modifikation:

Für jede Person das Szenario mit Video aufnehmen.
Solche Szenen werden von den Beteiligten immer wieder gerne angesehen, da es sich um aufbauende und mutmachende Botschaften mit enormen emotionalem Gehalt handelt.
Den Zeitaspekt um 5 Minuten verlängern.

Kreative Verschreibung:

Bedanke dich schriftlich bei deinen „Bademeistern" und teile ihnen mit, was dein Herz besonders berührt hat.
Das macht Mut und schafft Zuversicht für eine gemeinsame positive Zukunft.

Notizen:

ICH & DU

Paarübung / Sensibilität / Sensitivität / Selbstwahrnehmung / Fremdwahrnehmung / Selbstwert / Ressourcen / Konzentration / Aufmerksamkeit / verbale Übung

Material:

— ./.

Durchführung I:

Dem Familien- / Gruppenmitglied auf der Paarebene positive Botschaften vermitteln, die einmal in der Beziehung wichtig waren. Dabei dem Gegenüber in die Augen schauen. Hier geht es um die bewusste Lenkung der Aufmerksamkeit und der Zuwendung.
Die verbale Kommunikation wird durch die bewusste Lenkung der Augen unterstützt.
Durch die „Sprache" der Augen werden Emotionen, auch verdeckte Emotionen transportiert, die weitreichende positive Wirkungen möglich machen.
Für Paare kann auch „verschüttete" Liebe, die unter der Last des Alltags weder sichtbar noch spürbar war, wieder neu belebt werden.
Das ICH wird zum DU!

In der Familie begegnen sich die Eltern als Paar, die Geschwister auf der Geschwisterebene. In der Gruppe in die Rolle eines Elternpaares und Geschwisterpaares treten.

Hinweis:

Ohne Zeitlimit!

Reflexion I:

Alle Paare machen durch die überlegte Personen- und Merkmalbeschreibung die Erfahrung, dass es sich um einen wertvollen Menschen handelt. Tiefe Schichten der Person werden berührt. Neues entsteht, wird geweckt und gefördert. Es ist oftmals der erste Ansatz, neu in die Beziehung, die Familie zu investieren.

Durchführung II:

Ohne weitere Besprechung erfolgen die weiteren Durchgänge.
Die Familie / Gruppe trifft sich im Plenum.

Reflexion II:

— Wie intensiv war die Begegnung?

- Ist dein Herz berührt?
- Was fühlst du auf deiner Haut?
- Sind deine Knie weich geworden?
- War dir zum Heulen zumute?
- Warum hast du deine Tränen unterdrückt?
- Was fühlst du JETZT?
- Warst du verwundert über die Vielzahl der positiven Beschreibungen?
- Hast du Veränderungen an deiner Körperhaltung bemerkt?
- Bist du erstaunt, was deine Familien- / Gruppenmitglieder von dir wissen, an dir kennen und schätzen?
- Was war für dich neu?
- Was hast du bisher nur geahnt und heute das erste Mal ausgesprochen gehört?
- Wie fühlt es sich JETZT noch an?
- Wirst du für dich neue Entscheidungen treffen?
- Was willst du in Zukunft mit diesem Potenzial machen?
- Fühlst du dich durch die positiven Beschreibungen beschenkt?
- Welche Botschaft war für dich noch einmal eine Bestätigung?

Reflexion III:
- Konntest du deinem Familien- / Gruppenmitglied, während du gesprochen hast, in die Augen sehen?
- Wie hast du dich dabei gefühlt?
- Was ist in dir passiert?
- Hättest du es ihm / ihr lieber nur aufgeschrieben?
- Warst du über dich selbst erstaunt?
- Bist du über dich selbst hinausgewachsen?
- Wäre dir in einer Alltagssituation genauso viel zu dieser Person eingefallen?
- Welche Gedanken und Gefühle waren direkt nach dem Rollenwechsel in dir?
- Wie fühlst du dich JETZT?

Modifikation:
Für jedes Paar das Szenario mit Video aufnehmen.
Solche Szenen werden von den Beteiligten immer wieder gerne angesehen, da es sich um aufbauende und mutmachende Botschaften mit enormen emotionalem Gehalt handelt.
Zeitaspekt festlegen.

Kreative Verschreibung:

Halte für dich selbst fest, welchen Wert du aus dieser Übung gewonnen hast. Schreibe es in dein Erfolgsjournal!

Notizen:

Krankenbett

Ausgebrannt / Erschöpfungssyndrom / vegetative Symptomatik / Überforderungserleben / Selbstwahrnehmung / Fremdwahrnehmung / Selbstwert / Aufmerksamkeit / Trost / Zuspruch / Hilfe / verbale und nonverbale Übung

Material:

Isomatte, 2 Decken, 4 Kissen, Mineralwasser, Glas, Kühlkissen, Wärmflasche, Trostschokolade, Blume, Karte, Stifte

Hinweis:

Die Familie / Gruppe bleibt im Plenum.

Durchführung I:

Ein Familien- / Gruppenmitglied, welches unter einem Erschöpfungssyndrom leidet, fühlt sich meistens schon seit längerer Zeit krank.
Vielleicht hat das Familienmitglied immer versucht, auf seine ausweglose Situation aufmerksam zu machen? Fragen über Fragen stellt sich die / der Betroffene (meistens die Frau bzw. Mutter), wie:

— Werde ich nicht richtig wahrgenommen?
— Hört inzwischen keiner aus der Familie mehr hin, wenn ich Signale aussende?
— Habe ich zuviel gesagt?
— Sind die anderen Familienmitglieder genervt, haben sie resigniert?
— Leiden die anderen unter der angespannten Situation?

Oftmals ist im Alltag „keine Zeit", um sich ins Bett zu legen. Der Druck, die viele Arbeit, die ständigen Verpflichtungen. Häufig nimmt sich die betreffende Person noch nicht einmal eine kurze Aus-Zeit, um zu entspannen, zu ruhen.

Jetzt ist die Gelegenheit!

Ein Familien- / Gruppenmitglied richtet in der Mitte des Raumes das Krankenbett auf.
Auf die Isomatte wird eine Decke doppelt gefaltet gelegt.
Das „kranke" Mitglied legt sich auf die Matte und sagt, was es sagen will. Z.B. wie viele Kissen es unter seinen Kopf, unter seine Beine gelegt haben will und ob es zugedeckt werden möchte.

Hinweis:

Ab jetzt wird mit dem „Kranken" nicht mehr gesprochen!

Durchführung II:

Die Mitglieder sollen sich in den „Kranken" hineindenken, hineinfühlen und erspüren, was er braucht, was ihm wohl tut.
Die „Versorger" dürfen sich untereinander beraten, laut überlegen, was für den „Kranken" wohl das Beste wäre.
Der „Kranke" sollte wenn möglich die Augen schließen und darf höchstens den Kopf schütteln, wenn er eine Maßnahme ablehnt. Ansonsten sollte er in dieser Situation nicht reagieren.
Kranke bedürfen der Ruhe, des Zuspruchs, der Hilfe. Der „Kranke" bestimmt selbst, wann die Übung beendet werden soll.
Denn: Es gibt auch ein Zuviel!

Reflexion I (für den „Kranken"):

— Wie hast du die Gesamtsituation erlebt?
— Welche Hilfe tat dir wirklich gut?
— Was war für dich unangenehm?
— Wurden persönliche Krankheitsaspekte berührt?
— Wie ging dein Körper damit um?
— Wie ging deine Seele damit um?
— Was sagt dein Verstand zu dieser Situation?
— Konntest du entspannt sein?
— Wie war die Anfangssituation?
— Wie war die Abschlusssituation?
— Fiel es dir schwer, sich nicht äußern zu dürfen?
— Hattest du das Gefühl, die anderen gehen mit dir sorgsam und liebevoll um?
— Welche Äußerung, welche Handlung, welcher Zuspruch hat dir besonders wohl getan?
— Welche Idee kannst du für dich aus dieser Übung gewinnen?
— Was wünschst du dir in Zukunft?

Reflexion II (für die „Versorger"):

— Wie habt ihr euch dabei gefühlt?
— Wem fiel in der Situation zunächst nichts ein?
— War es für den Einzelnen hilfreich, dass ihr als Restfamilie / Gruppe gemeinsam „Versorger" sein konntet?
— Wer kennt ähnliche Situationen aus dem Alltag?
— Wie war das konkret?
— Wie habt ihr euch damals gefühlt?
— Was hast du heute anders gemacht?

- Was könntest du demnächst in ähnlichen Situationen besser machen?
- Hat diese Übung dein Empfinden gegenüber dem „Kranken" verändert?
- Was hat den Ausschlag gegeben?
- Welchen Gewinn ziehst du für dich daraus?
- Verstehst du den „Kranken" JETZT besser?
- In welchem „Licht" willst du den „Kranken" demnächst sehen?

Durchführung III:

Jedes Familien- / Gruppenmitglied spricht dem „Kranken" einen aufbauenden Satz zu.

Modifikation:

Die Übung komplett als verbale Übung durchführen, d.h. mit dem „Kranken" in einen Dialog treten. So können seine Bedürfnisse aufgrund seiner Rückmeldung anders umgesetzt werden.
Das Szenario mit Video aufnehmen.
Zeitaspekt festlegen.
Zum Abschluss der Übung fertigt die Restfamilie bzw. Gruppe eine schön gestaltete Karte mit einem passenden Mutspruch an. So hat der „Kranke" einen oder verschiedene positive Sprüche, d.h. „Aufrichter" für den Alltag.

Kreative Verschreibung:

Überlege, welchen Beitrag du in Zukunft leisten kannst, damit es dem „Kranken" dauerhaft besser gehen kann. Ziehe nur solche Aspekte in Betracht, die der „Kranke" auch akzeptieren würde.

Notizen:

Das „gefühlte Gefühl" – ICH und DU = WIR?, besser und WIR!

Selbstwahrnehmung / Fremdwahrnehmung / Selbstwert / Aufmerksamkeit / verbale und nonverbale Übung

Material:

Stift, Fragebogen

Durchführung:

Jedes Familien- / Gruppenmitglied zieht sich zurück und füllt in Ruhe diesen Fragebogen aus.
Alle Teilnehmer treffen sich anschließend im Plenum.
Im Familienalltag wird häufig zu viel (meist Nebensächliches oder Organisatorisches) besprochen oder geklärt. Ebenso wird wenig oder gar nicht mit einander im Hinblick auf Beziehung, Gemeinsamkeiten, Liebe und Gefühle kommuniziert.
Gründe dafür kennt jeder, wie:

— Es ist jetzt nicht die richtige Zeit.
— Es ist nicht der richtige Ort.
— Die Kinder sind da, noch wach.
— Im Augenblick nervst du mich.
— Du hast ja ...
— Du hast nicht ...
— Usw.

1. Frage:

Gibt es in deinem Familienalltag Situationen, in denen DU nicht sagst, was DU denkst und fühlst?
Beschreibe einige Situationen:

_____
_____
_____
_____

2. Frage:

Wie gehst DU mit Tabuthemen um?

_____
_____
_____

3. Frage:

In welchen Situationen würdest DU am liebsten sagen, was DU denkst und was DU fühlst?

4. Frage:

Kannst DU dir vorstellen, sachlich über Gefühle zu reden?
In welchen Situationen?

5. Frage:

Was glaubst DU, musst DU dabei beachten?

6. Frage:

Was erwartest DU in solch einer Situation von deinem Gegenüber?

7. Frage:

Welche Kommunikations- und Verhaltensmuster wären dabei für dich hilfreich?

8. Frage:

Was glaubst DU, kannst DU in dieser Woche davon umsetzen?

9. Frage:
Welche Ideen hast DU noch, wie ihr besser „Gemeinsamkeiten leben" könnt, d.h. zum WIR gelangen?

10. Frage:
Stell dir selbstkritisch die Frage, was DU in deine Beziehung investieren willst?

Zusatzfrage:
Beschreibe ganz konkret zwei Situationen aus deinem Alltag, die DU in dieser Woche positiv, mutig, ehrlich, offen und deutlich bewältigen willst!

Reflexion :
Vorstellung des Fragebogens. Rückmeldung, Analyse, Austausch im Plenum.

Kreative Verschreibung:
Überlege zu einem späteren Zeitpunkt, welchen Part ihr gemeinsam entwickeln solltet und kommuniziere es anschließend mit deinem Partner.

Notizen

Familien- / Gruppenübungen

Kommunikationsprobleme im „Alltag"

Selbstwahrnehmung / Selbstwert / Selbstkenntnis / verbale und nonverbale Übung

Material:

Stift, Fragebogen

Durchführung:

Jedes Familien- / Gruppenmitglied zieht sich zurück und füllt in Ruhe diesen Fragebogen aus.
Alle Teilnehmer treffen sich anschließend im Plenum.

Beschreibe alltagstypische Problemsituationen auf den verschiedenen Ebenen, die nicht selten zu einem Problem werden.

Ebene: Vater – Mutter

___
___
___
___

Ebene: Vater – Mutter – Kind/er

___
___
___
___

Ebene: Geschwister

___
___
___
___

Ebene: Mutter – Kind 1

___
___
___
___

Familien- / Gruppenübungen

Ebene: Mutter – Kind 2

Ebene: Mutter – Kind 3 usw.

Ebene: Vater – Kind 1

Ebene: Vater – Kind 2

Ebene: Vater – Kind 3 usw.

Ebene: Kind 1 – Mutter

Ebene: Kind 2 – Mutter

75

Ebene: Kind 3 – Mutter usw.

___

Ebene: Kind 1 – Vater

___

Ebene: Kind 2 – Vater

___

Ebene: Kind 3 – Vater usw.

___

Reflexion:

Vorstellung des Fragebogens.
— Auf welcher Ebene befinden sich die häufigsten Kommunikationsprobleme?
— Welche Erklärung hat jedes Familienmitglied / Gruppenmitglied?
— Gibt es ähnliche Situationen, die weniger konfliktreich sind?
— Wann und wo?
— Wie sehen die Anfangssituationen aus, wenn ein Konflikt entsteht?
— Welchen Verlauf nehmen häufig diese Situationen?
— Wie enden sie?
— Wer lenkt nach dieser Stressphase als Erster ein?
— Wie geht es dann weiter?
— Welche Alternativhandlungen bieten sich an?

Modifikation:

Eine Konfliktsituation als Rollenspiel durchführen. Bietet sich, wenn der Zeitrahmen es zulässt, auch als sinnvolle Ergänzung an.

Kreative Verschreibung:

Im häuslichen Umfeld sollen die Familien- / Gruppenmitglieder diesen Fragebogen ausfüllen, indem sie weitere Familienmitglieder einsetzen, mit denen sie öfters in Kontakt stehen.
Beschreibe alltagstypische Problemsituationen auf den verschiedenen Ebenen, die nicht selten zu einem Problem werden.

Notizen:

Das Geschenk

Selbst- und Fremdwahrnehmung / Selbsteinschätzung / Identifikation

Material:

In einem Koffer liegen folgende Materialien:
Schreibunterlagen, Textmarker, verschiedene Farbstifte, Kopien mit vorbereitetem Text (Statements), Blankokarten, die mit besonderen Texten und / oder mit einem gezeichneten Bild versehen werden können, Kuverts

Durchführung:

Jedes Familienmitglied / Gruppenmitglied sucht sich eine Person aus, die es beschenken möchte. Das entsprechende Material s.o. steht zur freien Verfügung. Aus der kopierten Liste ein zur Person passendes mutmachendes Statement auswählen und übernehmen. Dabei die Kernaussage selbstkritisch überprüfen, um sicher zu sein, ob es genau zu dieser Person passt.
Es hat auch jeder die Möglichkeit, mehrere Statements zu wählen, von denen er glaubt, dass sie die Person stärken.
Die Karte, das Blatt wird gefaltet und in das Kuvert gesteckt.

Jeder Gruppenteilnehmer sucht sich einen ruhigen Ort.

Wenn alle Teilnehmer wieder im Plenum sind, überreicht jeder sein Geschenk an den Adressaten.

Nach und nach öffnet jeder Teilnehmer sein Kuvert und liest die geschenkte Botschaft laut vor.

Reflexion:

— Konntest du als „Botschafter" das ausgewählte Statement zur Person wählen oder war nichts Passendes dabei?
— Hat die Botschaft mit deiner augenblicklichen Gefühlslage zu tun?
— Was möchtest du noch hinzufügen?
— Wie stark wurde im Statement die tatsächliche Qualität, Ressource, Kreativität, Engagement, Leistungsfähigkeit betont?
— Welche Botschaft hat dich als Empfänger verwundert, besonders erfreut, bestärkt?
— Wie fühlst du dich JETZT?

Modifikation:

Ein Schiff, ein Flugzeug aus der Karte basteln und beschriften, bemalen.

Familien- / Gruppenübungen

Kreative Verschreibung:

Jedes Mitglied macht sich selbst ein Geschenk und kauft sich eine passende Karte.
Nun schreibt er / sie sich ein eigenes Statement auf die Karte.
Diese Botschaft soll kein Ersatz zum Geschenk des Übungspartners darstellen.
Vielmehr eine Ergänzung zum Aufbau und Unterstützung der eigenen Persönlichkeit.
Es gibt viele Orte, an denen wir uns aufhalten. Gute Botschaften beeinflussen uns positiv und machen Mut.

Notizen:

Mein Bild

Selbst- und Fremdwahrnehmung / Selbsteinschätzung / Identifikation / Erinnerung

Material:

Mein Lieblingsfoto, einige Fotos, die szenarisch eine Serie bilden

Durchführung I:

Jedes Familienmitglied / Gruppenmitglied sucht sich eine Person aus der Fotokiste, dem Fotoalbum ein oder mehrere alte Fotos, das Lieblingsfoto heraus, welches gemeinsame positive Erinnerungen aufleben lässt.
Es soll mindestens ein Foto sein, dem du einen besonderen Wert beimisst.
Die Familie / Gruppe bleibt im Plenum, sitzt gemeinsam am Tisch.
Damit jede Person das Bild, die Bilder genau betrachten kann, werden (bei großen Runden bzw. Tischen) das Foto, die Fotos herumgereicht oder zugeschoben. Das Foto, die Fotos werden immer wieder in die Mitte des Tisches zurückgelegt.
Haben es alle Mitglieder gesehen, fordert die Person, die das Bild, die Bilder ausgewählt hat auf, das Bildmaterial zu interpretieren.
Im Anschluss daran berichten die Zeitzeugen die bildhafte Darstellung gemeinsamer Erlebnisse und erzählen über das Bildhafte hinaus.
Alte Erinnerungen werden neu geweckt, entfalten sich in Raum und Zeit, werden lebendig. Positive Emotionen erfreuen Herz und Verstand, berühren die Seele.

Reflexion:

— Warum hast du gerade dieses Foto / Fotos ausgewählt?
— Was war dabei dein erster Eindruck?
— Welche Gedanken, Gefühle hat das Bildmaterial ausgelöst?
— Hat es mit deiner augenblicklichen Gefühlslage zu tun?
— Hast du neue bzw. weitere Informationen durch die anderen Mitglieder gewonnen?
— Wie siehst du das Gesamtszenario JETZT?
— Wie geht es dir damit JETZT?
— Haben einige Äußerungen das darüber hinaus Erklärende, Ergänzende, deine Erinnerungen positiv oder negativ abgerundet?

Durchführung II:

Ein anderes Familien- / Gruppenmitglied setzt in der beschriebenen Weise das Procedere fort.

Modifikation:

Auch Fotos wählen, die Trauer auslösen können. Z.B. Personen, die inzwischen verstorben sind.
Die Fortsetzung eines Bildes malen oder beschreiben.

Kreative Verschreibung:

Schreibe das Erlebnis auf, das dir im Kontakt mit anderen Familien- / Gruppenmitgliedern den wichtigsten emotionalen Wert gegeben hat. Schicke diesen Text an die beteiligte Person bzw. beteiligten Personen.

Notizen:

Familienfest

Mut / Rede halten / Sozialangst / Frust / Selbstdarstellung / Selbstbewusstsein / Selbst- und Fremdwahrnehmung

Material:

Glocke

Durchführung:

Heute ist ein großes Familienfest angesagt. Du hast heute einen „runden" Geburtstag. Viel Zeit, Arbeit und Geld sind in die Vorbereitung geflossen. Heute ist dein Tag! Von Vorfreude keine Spur. Hektik und Stress bestimmen das Geschehen. Wenn du an deine Rede denkst, ist dir ganz unwohl zumute. Reden zu halten, ist nicht dein Ding. Du fragst dich, wann habe ich überhaupt mal eine Rede gehalten. Vor langer, langer Zeit einmal, als deine Mutter 80 Jahre alt geworden ist. Wie hast du da geschwitzt. Bei diesen Gedanken wallt schon eine innere Hitze in deinem Körper auf.

Innere Konflikte bestimmen dein Denken und Handeln. Du bist einfach sauer. Das bekommt dein Partner deutlich durch deine Äußerungen zu spüren. Du bereust, dass du dich auf diese Feier eingelassen hast.

Dabei wolltest du ursprünglich gar nicht feiern. Doch wie so oft hast du dich von deinem Partner wieder überreden lassen.

Dabei wärst du lieber mit deinem Sohn in den Urlaub zum Angeln gefahren. Das hätte richtig Spaß gemacht.

Deine Rede hast du zwar aufgeschrieben und auch auswendig gelernt. Doch was ist, wenn ICH ins Stocken komme? Ach, wäre doch die blöde Feier schon vorüber. Dann ginge es mir besser.

Auch wenn liebe Verwandte und Freunde kommen. Hoffentlich geht es schnell vorüber!

Die ersten Gäste kommen, sind gut gelaunt. Du fühlst dich nervös, bist hektisch und angespannt. Innerlich beginnst du zu zittern und fühlst dich minderwertig.

Die Familien- / Gruppenmitglieder sitzen im Kreis.

Das Geburtstagskind steht vor der Familie / Gruppe, den Freunden, die Glocke in der Hand. Die Atmung geht schwer, die Hände zittern, die Knie sind „weich". Du denkst jetzt nur noch Augen zu und durch.

— Umsetzung als Rollenspiel, spontan und ohne Skript.
— Ein freiwilliges Mitglied stellt sich in die Mitte.

Hinweis:

Ohne Zeitlimit!

Reflexion:

- Welche Gedanken jagten dir als erstes durch den Kopf?
- Wie hast du dich während des Redens gefühlt?
- Wie fühlst du dich JETZT?
- Gab es innerliche Blockaden?
- Welche Emotionen waren vorhanden?
- Welche negativen Gedanken bestimmten dein Reden, hatten Einfuß auf dich?
- Konntest du deiner Meinung nach etwas Interessantes sagen?
- Hast du gedacht, du bist der einzige Mensch in dieser Runde, der ein Langweiler ist?
- Kamen dir Gedanken wie, was werden die anderen von mir denken
- Glaubst du, dass deine Botschaft angekommen ist?
- Was würdest du JETZT noch ergänzen wollen?
- Hättest du lieber etwas anderes gesagt?
- Wenn es eine zweite Runde geben würde, würdest du gern freiwillig die Gelegenheit nutzen?

Modifikation:

Die Teilnehmer protokollieren, was ihnen beim Redner auffällt.
Zeitvorgabe festlegen.
Stark verunsicherte oder ängstliche Mitglieder können Unterstützung durch den Coach erfahren, indem er sich neben den Redner stellt.
Es werden nur die positiven Botschaften festgehalten.
Zeit für eine Skripterstellung wird gegeben.

Kreative Verschreibung:

Schreibe das Erlebnis auf, das dir im Kontakt mit anderen Familien- / Gruppenmitgliedern den wichtigsten emotionalen Wert gegeben hat. Schicke diesen Text an die beteiligte Person bzw. beteiligten Personen.

Notizen:

Problemdiskussion

Mut / Diskussion / Angst / Kommunikation / Selbst- und Fremdwahrnehmung

Material:

— ./.

Durchführung:

Aufgrund unterschiedlicher Erziehungshaltung führen Kommunikationsprobleme zu einer Belastung des Paares. Obwohl sich das Paar fest vorgenommen hat, Transparenz zu wahren, Absprachen einzuhalten und sich gegenseitig Rückmeldung zu geben, passiert immer wieder, was im Alltagsgeschäft passieren muss:
Kinder verstehen oft die Gunst der Stunde zu nutzen und so nutzen sie es geschickt für sich aus.
Und so ist das Verhältnis zwischen Eltern und Kind/ern belastet. Täglich das Einerlei mit den Ermahnungen, Belehrungen, Erinnerungen und den Grenzüberschreitungen der Kinder, kann das Leben für Eltern anstrengend sein.
So beichtet eines Tages der Sohn / die Tochter einem Elternteil, dass er / sie in einer Gruppe sei, die Drogen nimmt. Letzte Woche habe er / sie sich 2-mal dazu verleiten lassen. Er / sie fühle sich dabei unwohl und habe Angst. Vater / Mutter sind aufgeregt und sehr besorgt.
Nun steht die Frage im Raum, wie wir weiter damit umgehen sollen.
„Wenn das der Papa / die Mama hört, der / die rastet aus". Unsere Nerven sind schon blank. Nun auch das noch! Machen wir es zu einem Geheimnis, wird es vielleicht nur noch schlimmer.

— Umsetzung als Rollenspiel, spontan und ohne Skript, die Verteilung der Rollen.

Die anderen Familien- / Gruppenmitglieder sitzen im Kreis.

Hinweis:

Ohne Zeitlimit!

Reflexion:

— Welche Gedanken jagten dir als erstes durch den Kopf?
— Wie hast du dich in der Rolle des Vaters, der Mutter, des Sohnes, der Tochter gefühlt?
— Wie fühlst du dich JETZT?
— Gab es Blockaden, Ängste?

- Welche Emotionen waren vorhanden?
- War dir schnell klar, wie du dich als Vater, Mutter im Hinblick auf deinen Partner entscheidest?
- Sind dir Kommunikationsprobleme bekannt aufgrund unterschiedlicher Erziehungshaltungen?
- Hattest du Sorge, dass ihr bei dem Problem eures Kindes selbst in Streit geraten könntet?
- Was stand in der Situation im Vordergrund?
- War es die Sorge um das Wohlergehen des Kindes, im Hinblick auf eine eventuelle Abhängigkeit?
- War es die Sorge, wie das Kind Distanz zu den Gruppenteilnehmern bekommt?
- Hast du befürchtet, dass die Eröffnung des Problems mit deinem Partner dazu führen könnte, dass sich das Verhältnis zum Sohn / zur Tochter verschlechtern würde?
- Welche Sorgen und Ängste bestanden noch?
- Kennst du Alternativen, wie du mit solchen Problemen insgesamt umgehen würdest?
- Welche Hilfen würdest du wann und wie einschalten?
- Kamen dir Gedanken wie, was wäre, wenn es Nachbarn, Freunde, Verwandte erfahren würden.

Modifikation:

Zeiten vorgeben.

Kreative Verschreibung:

AKTION: „Wer entwickelt die coolsten Sprüche gegen Drogen?"
Schreibe sie auf und bring sie zum nächsten Treffen mit.

Notizen:

Negative Gedankenkette

Negative Gedankenmuster / Mut / Diskussion / Angst / Selbst- und Fremdwahrnehmung / nonverbale Übung

Material:

Fragebogen, Stifte, Schreibunterlage

Durchführung:

Kommunikation hat immer einen Inhalts- und Beziehungsaspekt. Kommunikationsprobleme führen zu einer Belastung des Paares. Obwohl sich Paare nach einer Aussprache fest vornehmen, Transparenz zu wahren, Absprachen einzuhalten und sich gegenseitig Rückmeldung zu geben, passiert es immer wieder, dass kommunikative Probleme „unter den Teppich" gekehrt werden. Er oder sie ist gerade nicht in der Stimmung, es gibt Stress mit den Kindern, den eigenen Eltern u.v.m. oder es handelt sich mal wieder um ein Tabuthema, schon ist die Abneigung vorhanden, sich mit dem belastenden Thema auseinander zu setzen.
Jeder weiß um die dynamische Komponente und entwickelt höchst kreativ Vermeidungsstrategien. Also lassen wir es lieber.
Und trotzdem setzt einer von beiden den Prozess in Gang. So greift bildlich gesprochen ein Glied ins andere. Im Laufe der Diskussion schließt sich irgendwann der Kreis und wir haben die Verkettung negativer Gedanken und Gefühle.
Eigentlich wollte es keiner von beiden. Doch so geschieht es immer und immer wieder.
Alle Familien- / Gruppenmitglieder sitzen im Kreis und füllen den Fragebogen aus, ohne mit einem anderen zu sprechen.
Dabei sind die ersten Gedankenverläufe im Ansatz vorgegeben und zu ergänzen. Die weiteren sind zu beantworten. Alle persönlichen negativen Gedanken soll jedes Mitglied im Hinblick auf seinen Partner oder im Hinblick auf sein Kind fortführen.
Dabei sich von den eigenen Emotionen leiten lassen!
Sollte der Platz nicht ausreichen, kann die Rückseite des Blattes benutzt werden.

Negative Gedankenkette

Wenn ICH abends müde und geschafft bin und mich mein Partner / mein Kind etwas

Heikles (_____)

(_____)

fragt, fällt mir oftmals dazu keine Antwort ein.

Familien- / Gruppenübungen

Warum reagiere ICH darauf immer so genervt?

Mache ICH mich vor dem Partner, vor den Kindern lächerlich?

Warum habe ICH Angst?

Sonst bin ICH doch oft mutig!?

Warum vermeide ICH die Auseinandersetzung?

Bin ICH zu bequem?

Will ICH nur meine Ruhe haben?

Warum glaube ICH, dass es ja sowieso nichts bringt?

usw.

Hinweis:
Ohne Zeitlimit!

Reflexion:

- Welcher Gedanke war zuerst in deinem Kopf?
- Wie hast du dich während des Ausfüllens gefühlt?
- Wie fühlst du dich JETZT?
- Gab es Blockaden, Ängste?
- Welche Emotionen waren vorhanden?
- Sind dir eure Kommunikationsprobleme bewusst?
- Warum vermeidest du gerne Tabuthemen?
- Hattest du Sorge, dass durch diese Übung Stress entstehen könnte?
- Was stand für dich in der Situation im Vordergrund?
- War es die Sorge um das Wohlergehen deines Partners, deines Kindes oder dein eigenes Wohlergehen?
- Welche Sorgen und Ängste bestanden noch?
- Kennst du Alternativen, wie du mit solchen Problemen insgesamt umgehen würdest?

Modifikation:

Als verbale Übung einsetzen: Umsetzung als Rollenspiel.

Kreative Verschreibung:

Positive Gedankenkette: Überschreibe den Fragebogen mit einem anderen farbigen Stift, indem du alle Negationen in positive Fragen und Antworten umschreibst.

Notizen:

Prahlerische Phantasie

Mut / Spontanität / Selbstdarstellung / Selbstvertrauen / Selbst- und Fremdwahrnehmung / nonverbale und verbale Übung

Material:

Prahlkappe, Zipfelmütze

Hinweis:

Nonverbale und verbale Übung.
Zeitlimit für den Dialog: 15 Minuten.
Die beiden Teilnehmer können Vater und Mutter sein, zwei Mütter, zwei Väter oder Vater und Mutter aus unterschiedlichen Familien.
Die zu spielende Rolle wird ausschließlich durch die Kopfbedeckung festgelegt!

Durchführung I:

Zunächst erfolgt keine Instruktion.
Zwei mutige Mitglieder möchten sich für ein Rollenspiel bereit halten. Es werden zwei Stühle in die Mitte des Kreises gestellt.
Jedes spielende Familien- / Gruppenmitglied nimmt sich ohne Absprache entweder die Prahlkappe oder die Zipfelmütze.
Eine Einigung soll ohne Worte der zwei beteiligten Personen fallen.
Die anderen Teilnehmer sitzen im Kreis.

Durchführung II:

Der Coach / Trainer erklärt die Instruktion:
Egal, wie du dich gerade fühlst, versuche die Rolle aufgrund deiner Kopfbedeckung anzunehmen. Fühlst du dich super gut, weil du vielleicht gerade Erfolg hattest?! Fühlst du dich schlecht, weil du gerade Stress mit deinem Partner, mit deinem Kind oder sonstige negative Reaktionen von anderen Menschen zu spüren bekommen hast?!
Du bist jetzt nur für deine zu spielende Rolle verantwortlich!

Z.B.: Mutter X (Prahlkappe) sitzt Mutter Y (Zipfelmütze) auf einem Stuhl in der Mitte des Kreises gegenüber.

Der Coach / Trainer fordert die Mutter mit der Prahlkappe auf, sich vorzustellen, sie sei besonders erfolgreich, beliebt, anerkannt und werde beachtet und geschätzt.
Sie hat alles, was sie sich wünscht. Erfolg im Beruf, den Haushalt und die Kindererziehung meistert sie perfekt. In ihrer Rolle darf sie arrogant und gemein

sein. Hin und wieder berichtet die Presse über sie. Für viele Frauen ist sie ein Vorbild.

Die Mutter mit der Zipfelmütze ist genau das Gegenteil. Sie ist überfordert, genervt, gereizt, ist sehr unsicher und hat Angst vor Herausforderungen.

Mutter X wehrt sich zunächst gegen ihre Rolle, denn sie ist von Natur aus höflich, zuvorkommend, sensibel. Prahlen mag sie überhaupt nicht.

— Der Coach / Trainer hat die Aufgabe, sie zu beruhigen und ihr, falls sie ins Stocken gerät, Hilfe anzubieten!

Der Dialog beginnt meist schleppend, oftmals ausgehend durch Mutter X. Manchmal dauert es gar nicht lange, bis Mutter X so in ihre Rolle eingetaucht ist, dass sie ihre eigene Realität „aus den Augen" verliert.
Bis Muttern X dann auf irgendwelchen Titelblättern eines Magazin abgelichtet ist und damit bewusst und unbewusst prahlt.

Mutter Y wird sagen: „Das ist ja toll, dass ist ja ein aufregendes Leben." Usw.

Mutter X fühlst sich jetzt Mutter Y deutlich überlegen, drückt es verbal aus. Usw.

— Der Coach achtet auf die Zeit und leitet in die Reflexionsphase ein.

Reflexion I (Mutter X):

— Wie hast du dich in deiner Rolle gefühlt?
— Wie kam es, dass du so richtig „auf den Putz gehauen" hast?
— Welche Emotionen waren vorhanden?
— Konntest du Aspekte äußern, an die du schon früher gedacht hast?
— Fühltest du dich in der Situation aufgewertet?
— Wie stehen deine Äußerungen in Bezug zu deinem Wertesystem?
— Würdest du diese Rolle gerne zu einem späteren Zeitpunkt wieder spielen?
— Was wäre dir dabei wichtig?
— Möchtest du zu deiner Rolle oder zu deinen Äußerungen noch einen Satz sagen?

Reflexion II (Mutter Y):

— Wie hast du dich in deiner Rolle gefühlt?
— Hast du dich mit Mutter X verglichen?
— Wie stand es um dein Selbstbewusstsein?
— Bist du froh, dass die Übung beendet ist?
— Haben dich die Aussagen von Mutter X sehr heruntergezogen?
— Konntest du verbal etwas gegen ihre Äußerungen setzen?

— Würdest du diese Rolle gerne zu einem späteren Zeitpunkt wieder spielen?
— Was wäre dir dabei wichtig?
— Möchtest du zu deiner Rolle oder zu deinen Äußerungen noch einen Satz sagen?

Modifikation:

Zeitvorgabe verlängern auf 30 Minuten.
Eine Person spielt die Rolle der Person X und mehrere Mitglieder als Person Y sitzen ihr gegenüber.
Umgekehrt genauso möglich. D.h., mehrere Personen sitzen im Kreis, spielen die Person X. In der Mitte des Kreises sitzt Person Y. Alle X-Personen reden gleichzeitig prahlerisch auf Person Y ein.
Person Y als „Negaholic" soll ihre Position gut vertreten. Gemeint ist, sie soll „auf hohem Niveau" herumjammern. Das Klagen soll im Vordergrund stehen.
(Wird manchen Deutschen nicht schwer fallen!)

Kreative Verschreibung:

Schritt 1: Schreibe reale Situationen auf, in denen du die „Prahlkappe" oder die „Zipfelmütze" aufhattest.
Schritt 2: Analysiere und reflektiere, wie du dich während der durchlebten Situation gefühlt hast.
Schritt 3: Schreibe auf, wie du dich anschließend gefühlt hast.

Notizen:

Richte den Scheinwerfer auf deine Möglichkeiten!

Entspannung / Anspannung / Selbstdarstellung / Potenziale zeigen

Material:

Schreibunterlagen, Stifte, DIN-A4-Papier, CD-Player, CD mit Entspannungsmusik

Durchführung I:

Heute werden alle Familien- / Gruppenmitglieder einen Blick auf dein Leben werfen.
Du richtest den Scheinwerfer auf deine Möglichkeiten, die in dir stecken!

Durchführung II:

Doch zunächst soll jeder einzelne Teilnehmer auf seinem Stuhl eine entspannte Haltung einnehmen, dabei abschalten und den Alltag „draußen" lassen.

Der Coach / Trainer erklärt am Beispiel der Wolken, die am Himmel vorüberziehen, die Gedanken, die kommen und gehen, sie gleichen dem Verlauf der Wolken.

— Wer kann, soll die Augen schließen.
— Wem es nicht gelingt, soll auf die Fläche des Fußbodens schauen.

Der Coach / Trainer bedient den CD-Player, in dem sich eine Instrumental-Entspannungs-CD befindet.
Langsam und ruhig spricht er in die Runde wie folgt:
Du trägst in deiner Familie Verantwortung. Viele Gedanken gehen dir durch den Kopf. Immer und immer wieder denkst du an die anderen, erinnerst sie an die Dinge, die sie mitnehmen sollen, an die Aufgaben des Tages und vieles mehr. Machst dir Sorgen um viele Belange. Zeit zum Ausruhen bleibt dir kaum.

Manchmal denkst du auch negativ und damit ziehst du dich selbst „runter".
Anstatt dich selbst aufzubauen und dir Zeit für dich zu nehmen, bist du in Gedanken bei den anderen, nicht bei dir selbst.

Entscheidend aber ist: Du musst das tun, was du gerne tust. Dinge, die dich begeistern und glücklich machen. Öffne dein inneres Fenster, deine Sinnesorgane für das Positive.
Viele Vorträge und Seminare hast du besucht, um dich neu zu motivieren und dich aufzubauen. Doch der Alltag holt dich immer wieder ein und du stellst dein Anliegen, ja deine Lebensbedürfnisse zurück.
Das mag für bestimmte Situationen, auch Zeiten sinnvoll und richtig sein, doch dann musst du an dich denken.
Heute ist dein Tag! Heute verlangst du einmal Unterstützung von deiner Fami-

lie.

Im Alltag gibt es mannigfache Gelegenheiten, die eigenen Möglichkeiten zu entdecken. Draußen ist es die große weite und bunte Welt mit ihrer Schönheit und auch ihrer Verzerrtheit. Auch deine innere Welt ist groß, weit und bunt im Hinblick auf deine Stärken und Schwächen.
Entdecke das Schöne und Wertvolle in Dir!
Schau auf deine Stärken, auf das, was du gut kannst. Werde dir deiner Qualitäten bewusst.

— Öffne die Augen und schreibe jetzt deine Wahrnehmungen auf.

Suche dir einen Ort, wo du in Ruhe deinen Gedanken und Gefühlen nachgehen kannst. Richte den Scheinwerfer auf deine Potenziale, die Dinge, die dich glücklich und zufrieden machen.

Hinweis:

Zeitaspekt: 20 Minuten. Anschließend trifft sich die Familie / Gruppe im Plenum.

Durchführung III:

Der Coach / Trainer fixiert die Potenziale an das Flip-Chart, die ihm die „im Scheinwerferlicht" stehende Person nennt.

Reflexion:

— Konntest du dich vom Alltagsgeschehen lösen?
— Ist es dir gelungen, in die Entspannung, d.h. zur Ruhe zu kommen?
— Wie hast du dich dabei gefühlt?
— Konntest du deinen inneren Wahrnehmungsimpulsen folgen?
— Konntest du das Positive in dir entdecken?
— Entstanden Begeisterung und Freude?
— Welche Potenziale willst du ausbauen?
— Neigst du grundsätzlich eher dazu, das Positive oder das Negative zu sehen?
— Welche Glaubensüberzeugungen bestimmen dein Denken und Handeln?
— Was soll in Zukunft anders werden?
— Welche Bedürfnisse sollen im Alltag für dich bedeutungsvoll werden?
— Welche Ziele steckst du dir?
— Wann und wie willst du deine neuen Ziele umsetzen?
— Hat es dich großen Mut gekostet, im Scheinwerferlicht zu stehen?
— Hast du heute zum ersten Mal über deine Möglichkeiten, die in dir stecken, gesprochen?

— Bist du dir sicher, dass es dein Partner, deine Kinder verstanden haben?
— Möchtest du anhand der Aufzeichnungen einiges noch einmal wiederholen?
— Wie fühlst du dich JETZT?

Modifikation:

Nachdem die Teilnehmer ihre Eindrücke fixiert haben, malen sie im Anschluss daran ein Selbstporträt, das aber nicht unbedingt den 1. Preis bei einem Kunstwettbewerb erlangen muss.
Entscheidend sind die wichtigen Merkmale aus der Sicht des Gestaltenden. Dieses kann:

— als Graphik
— als Karikatur
— als Collage
— oder symbolisch erfolgen.

Kreative Verschreibung:

Schreibe für dich einmal auf, welche Potenziale du gerne hättest. Vergleiche deine Wünsche mit den Potenzialen deiner Familien- / Gruppenmitglieder. „Wer hat was, was du gerne hättest?"

Notizen:

Der Familienbaum

Aufmerksamkeit / Sensibilität / Sensitivität / Ehrlichkeit / Kreativität / Selbst- und Fremdwahrnehmung / Potenziale / nonverbale Übung

Material:

Flipchart-Blätter, verschiedenfarbige Eddings, Wachsmalkreiden, Bleistifte, Radierer, Anspitzer

Hinweis:

Ohne Zeitlimit!

Durchführung I:

Jeder Mensch wächst und reift in einer Familie, wird „kräftig und stark". So verläuft Entwicklung. Dabei bildet in diesem Bild, „dem Familienbaum" jeder einen oder mehrere Verästelungen, die alle miteinander, d.h. dem tragenden Stamm verbunden sind. Das gibt Halt und Sicherheit. So ist Gemeinschaft.
Alle Familienmitglieder / Subgruppen (3-7 Personen), sitzen am Tisch. Ohne miteinander zu sprechen, sollen sie alle gemeinsam einen Baum auf das große Blatt malen. Dabei soll jeder verschiedene Äste in den Baum integrieren, denen er / sie besondere Obstsorten nach dem eigenen Geschmack in das Bild hinein bringt. Abschließend soll der eigene Name im jeweiligen Ast stehen.

Durchführung II:

Die Familie / Subgruppe sitzt im Kreis und betrachtet den gemeinsam gemalten Baum.
Nach und nach erklären und beschreiben die Mitglieder ihre Abbildung sowie ihre Gedanken und Gefühle in Verbindung mit dem Baum als Ganzes, mit dem Stamm, der Rindenstruktur, mit den Verästelungen, Verzweigungen, mit abgestorbenen Ästen, Berührungspunkten, dem reifen oder unreifen Obst.

Reflexion I:

— Welche Gedanken entstanden sofort bei dir?
— Hast du anfangs geglaubt, dass ihr den Familienbaum ohne Absprache gemeinsam auf das Blatt bekommt?
— Konntest du aufmerksam und sensibel auf deine Mitgestalter eingehen?
— Entstanden Kommunikationsprobleme?
— Wann, wie und wo wäre es für dich eine Hilfe gewesen, wenn du hättest sprechen können?
— Wie wirkt das Familien- / Gruppenbild auf dich?

- Fühltest du dich durch andere Mitglieder in deiner Intention unterstützt?
- Was verbindest du mit dem gemalten Obst?
- Welche Geschmacks- und Ästhetikvorstellungen verbindest du damit?
- Gibt es andere Aspekte, die du an dieser Stelle zum Ausdruck bringen möchtest?
- Wie stark kamen Emotionen gegenüber deinem Partner, gegenüber deinen Kindern auf?
- Wie möchtest du mit dieser „Geschmacksvielfalt" umgehen?
- Welchen Wert könnt ihr als Familie daraus ziehen?

Durchführung III:

Dieser Übungsschritt betrifft immer noch die im Fokus stehende Familie / Gruppe.
In diesem Durchgang werden Aussagen, Botschaften durch andere Familien- / Gruppenmitglieder, die den „Familienbaum" gestaltet haben, unter Berücksichtigung weiterer positiver Inhalte beschrieben.

Beginne immer mit:

- Kann es sein, dass …

Reflexion II:

- Führten ergänzende Anmerkungen zu einer gedanklichen Weiterentwicklung?
- Welche Gefühle veränderten sich?
- Wie siehst du deine Familie im HIER & JETZT?
- Welche Auswirkungen wird das für dich haben?

Modifikation:

Die Übung fortsetzen, indem die „Außengruppe" abschließend das Gesamtgeschehen beschreibt.
Zeiten vorgeben.
Videoaufnahme der nonverbalen Übung.

Kreative Verschreibung:

Betrachte deine abgestorbenen Äste genauer und analysiere, warum in diesen „Fällen" kein Leben mehr ist.
Liste die positiven und die negativen Aspekte auf.

Notizen:

Schreibe dein wahres Familienportrait

Selbst- und Fremdwahrnehmung / Wünsche / Ideen / Wachstum / Kreativität

Material:

Schreibunterlagen, Stifte, DIN-A4-Papier

Durchführung:

Der Coach / Trainer führt in das Thema wie folgt ein:
„Erkenne deine Möglichkeiten in deiner Familie" durch das Verfassen von Portraits aller Familienmitglieder. Indem du eine tiefe Kenntnis über dein und das Selbst der anderen hast und dich weiter damit auseinandersetzt, erfährst du eine Erweiterung deiner und eurer Möglichkeiten.
Das ist eine gute Voraussetzung für die pro-aktive Lebensführung und -gestaltung einzelner Familienmitglieder, um das Selbstvertrauen zu stärken und zu erhöhen. Ein pro-aktives Leben setzt Verantwortungsbereitschaft voraus und demzufolge das Setzen von Zielen. Die Grundlage aller Selbsterkenntnis ist die Selbstwahrnehmung.
Drücke nach Möglichkeit das aus, was dir ein wichtiges Anliegen und Bedürfnis für dich und die anderen ist.

Hinweis:

Zeitaspekt: 20 Minuten.
Jeder Teilnehmer sucht sich einen Ort der Ruhe.

Selbstreflexion:

Bearbeite folgende Fragen in der Selbstreflexion im Hinblick auf:
— Wie bringe ICH mich positiv ins Familiengeschehen ein?
— Welche kreativen Möglichkeiten könnte ICH für alle zur Verfügung stellen?
— Wo ist meine Standort?
— Sollte er an anderer Stelle sein?
— Wo sollen die anderen Familienmitglieder stehen?
— Was könnte er / sie / es besonders aufgrund der Begabung einbringen?
— Welche Wünsche, Visionen finde ICH für unsere Familie toll?
— Was würde mein Leben sonst noch bereichern?
— Wer sollte mich unterstützen?
— Wie sollte die Hilfe aussehen?
— Wie schaffen wir es noch besser?

- Was macht allen Spaß?
- Was schweißt uns noch mehr zusammen?
- Was verstehe ICH unter Glück?
- Was verstehen die anderen unter Glück?
- Usw.

Die Gruppe trifft sich im Plenum.

Die im Fokus stehende Familie / Subgruppe sitzt im Innenkreis.

Reflexion I:

- Erkläre deine inneren Wahrnehmungsvorgänge wie Befindlichkeiten, Bedürfnisse, Kenntnisse, Eigenheiten etc. aus deiner Sicht der Dinge im Hinblick auf deine Selbstreflexion.
- Fortsetzung s. Selbstreflexion

Reflexion II:

Stelle dir immer wieder die Frage:

- „WO STEHE ICH" in vorangestellten Kontexten?

Stelle dir abschließend die Frage:

- „WAS SIND MEINE ZIELE für meine Familie?" und
- „WAS IST MEINE VISION für meine Familie?" und
- „WAS IST MEINE MISSION innerhalb meiner Familie?"

Modifikation:

Neben der Fixierung das Selbstportrait zeichnen, malen, karikieren, abstrahieren.
Das Familienbrett einsetzen.

Kreative Verschreibung:
Male ein Selbstportrait: ICH bin ein „König"! – Unser „Familienkönig"!

Notizen:

Berge, Berge, Berge

Rollenspiel / genaues Zuhören / Emotionalität / Selbststeuerung / Selbst- und Fremdwahrnehmung / Kreativität / Sensibilisierung / Abbau von Blockaden

Material:

Flip-Chart, Metaplanpapier, verschiedenfarbige Eddings

Durchführung I:

Wo ICH auch hinschaue, überall sehe ICH nur Berge von Arbeit.
„Da kommt ein Berg Arbeit auf mich zu" ist dagegen noch gelinde ausgedrückt.
Aber kein Mensch hilft mir richtig. Jeder hat Seins in der Familie.
ICH kann ja, ICH soll funktionieren, ICH, ICH, ICH.
Ihr werdet euch noch umgucken, wenn ICH nicht mehr kann!
Dann werdet ihr sehen, was ihr davon habt!
Wie oft hast du diesen Satz zu dir selbst, zu deinen „Lieben" gesagt?

— Hört dich keiner?
— Versteht dich keiner?

Deine Aussage ist emotional besetzt, ruft innerlich Stress, Blockaden, schlechte Stimmung hervor. Das ist bei dir so und auch bei deinen Familienmitgliedern.

Wie oft wächst du mit solch einer Einstellung auf, beginnst den Tag und quälst dich hindurch? Überall siehst du nur noch Berge.
Berge werfen ihre Schatten voraus. Du fühlst dich als Schattenkind.

Wie oft wirst du im Alltag hektisch und nervös, weil du versuchst, die Berge zu erklimmen? Du fühlst dich allein gelassen.
Die Auswirkungen bekommst du deutlich zu spüren. Blockaden entstehen in der Muskulatur und im Kopf. Dabei fühlst du dich klein, weil die Berge um dich herum so groß sind. Berge in jedem Raum.
Schmutzige Wäscheberge, Bügelwäscheberge, Geschirrberge, Zeitungspapierberge, Einkaufsberge, Rechnungsberge, seelische Müllberge usw.
Oft fühlst du dich müde und kraftlos, manchmal auch minderwertig.

Hinweis:

Zeitaspekt zur Vorüberlegung: 5 Minuten.

Durchführung II:

Rollenspiel: Die Person, die sich besonders angesprochen fühlt, meistens die Mutter oder Person X oder auch mehrere Familienmitglieder, sollen o.g. Beschrei-

bung auf sich wirken lassen und gedankliche Assoziationen damit verknüpfen. Eine Person beginnt laut verbalisierend mit der „Bergbesteigung". Die anderen melden sich ebenso zu Wort.
Die Darsteller bewegen sich im Innenkreis.

Hinweis:

Zeitaspekt: Rollenspiel: 20 Minuten.
Alle Familien- / Gruppenteilnehmer bleiben im Plenum.

Reflexion I:

— Spürtest du während des Rollenspiels den „Druck der Berge"?
— Entstanden Gefühle der Ohnmacht?
— Stellte sich bei dir Ärger ein?
— Spürst du im HIER und JETZT körperliche Verspannungen?
— Wie haben die anderen Familien- / Gruppenteilnehmer das Szenario erlebt?
— Konntet ihr den Druck von Person X wahrnehmen ?
— Wie steht es um eure Verantwortung?
— Was werdet ihr demnächst ändern wollen?
— Welche Möglichkeiten, Potenziale, Kapazitäten stehen euch zur Unterstützung von Person X im Alltag zur Verfügung?
— Welche Arbeit, kannst du als Person X delegieren?
— An wen konkret, mit welchen Aufgaben?
— Welche Arbeit, die du unbedingt selbst erledigen musst, kannst du anders einteilen?

Durchführung III:

Alle Mitglieder des Innen- und Außenkreises wiederholen die wichtigsten vorausgegangenen Botschaften, die für Person X zur Entlastung führen. Der Coach, Trainer schreibt genannte Äußerungen an das Flip-Chart.

Durchführung IV:

Verändere JETZT nach deinen Vorstellungen die beschriebenen „Berge" konstruktiv und kreativ, indem du das häusliche Szenario als Comic malst.

Merke: Auch als Person X bist du deinen Belastungen, Umständen und Vorstellungen nicht schutzlos ausgeliefert. Benutze deine Kreativität, deine ganze konzentrative Spannkraft, deine innovativen Vorstellungen und programmiere sie neu in deinem Gehirn. „Neu"!!!
Anker deine neuen Bilder.
Also von der Reaktion zur Aktion.
Auf geht´s!

Hinweis:
Zeitaspekt: 30 Minuten.

Reflexion II:
Zunächst geben die Beteiligten Rückmeldung über ihre aktiven Wahrnehmungsprozesse. Ergänzend werden neue, weitere Aspekte hinzugefügt.
— Decken sich die neuen „Befunde" mit den Ergebnissen aus der 1. Reflexionrunde?
— Welche Aspekte bringen neue Besonderheiten der Hilfe bzw. Mithilfe hervor?
— Welche Rückmeldungen gibt es von der Außengruppe als Beobachter?
— Wie wirkt die neue „Bergwelt" auf dich als Person X?
— Welcher Comic bietet in deinen Augen die beste Lösung?

Modifikation:
Als Zwischenschritt in die Gesamtübung einbauen: Zwischen Durchführung III und Durchführung IV:
Die Familie- / Gruppe, die im Innenkreis sitzt, visualisiert im HIER und JETZT, so konkret wie möglich, Alternativstrategien zum Bezwingen und Überwinden der Berge und schreibt dieses auf.
In der anschließenden Reflexion wird noch einmal abgeglichen, ob es positive Veränderungsvorschläge gibt.

Bei Großgruppen kann diese Übung auch parallel in Subgruppen durchgeführt werden.

Kreative Verschreibung:
Schreibe dir praktische Hilfen für verschiedene Problemlagen und auch Personen auf, um im Alltag konkret aus „Bergen" – „Hügel" werden zu lassen. Mit praktischen Hilfen kannst du und auch deine „Lieben" über „Hügel" gleiten.
Ganz nach dem Motto: „In guten Zeiten für schlechte Zeiten vorsorgen!"

Notizen:

Mein negatives Selbstbild

Mut / inneres Hören / Emotionalität / Selbststeuerung / Selbst- und Fremdwahrnehmung / Kreativität / Sensibilisierung / Abbau von Ängsten, Selbstzweifeln, Blockaden

Material:

DIN-A4-Papier, Stifte, Flip-Chart, Metaplanpapier, verschiedenfarbige Eddings

Durchführung I:

Du hast dich schon gefragt, wie wohl dein negatives Selbstbild entstanden ist. Dabei fallen dir einige positive aber auch negative Erlebnisse ein, als du noch ein Vorschulkind warst. Mama und Papa haben dir innerlich weh getan.
Auch später in der Schule hast du unter bestimmten Mitschülern und Lehrern gelitten. Fühltest dich damals hilflos. Warst gekränkt. Freunde, an die du geglaubt hast, haben dich enttäuscht.
Dir ist bewusst, so entsteht dein Selbstbild.
Durch positive oder negative Sanktionierung trägt die soziale Umwelt dazu bei, wie du ein Bild von dir entwickelst.
Doch leider gehen dir im Alltag oftmals so viele negative Schlüsselsätze durch den Kopf. Das war schon früher so. Immer hast du dich mit anderen verglichen und geglaubt, die können es viel besser. So geht es dir auch in deiner Familie.
Du vergleichst dich immer noch mit den anderen.
Dabei wertest du dich ab und den anderen auf!
Negative Schlüsselsätze, die du dir sagst, hören sich wie folgt an:

— Das kann ich nicht.
— Das schaff ich nicht.
   Das ist für mich zu schwer.
— Ich habe kein Talent.
— Es hat bei mir keinen Sinn.
— Ich bin zu alt / zu jung.
— Die anderen haben immer Glück.
— Ich habe zu wenig Geld.
— Immer habe ich Pech.
— usw.

Hinweis:

Zeitaspekt zur Selbstreflexion: 20 Minuten.

Durchführung II:

Jedes Familien- / Gruppenmitglied sucht sich einen ruhigen Ort im Haus, im Außenbereich zur Selbstreflexion.
Schreibe dir deine negativen Kernglaubenssätze von der Seele.

Durchführung III:

Die Familie, Subgruppe setzt sich in den Innenkreis. Nach und nach werden die aufgelisteten Überzeugungen vorgelesen.

Der Coach / Trainer äußert:

Auf diese Art und Weise entstehen Glaubenssätze, die letztlich dein Verhalten bestimmen.
Wenn diese und ähnliche Kernglaubenssätze deine Begleiter sind, dann sage energisch STOPP!!! (Gedankenstopp-Technik)
Werde dir darüber bewusst, dass du mit deiner selbsterfüllenden Prophezeiung bereits den negativen Ausgang des Geschehens vorweggenommen hast.
Glaubenssätze können dein Denken und Handeln unterstützen aber auch einengen.

Spreche dir Mut zu! Äußere positive Formulierungen, schreibe sie auf. Wenn es für dich hilfreich ist, hänge diese Aussage sichtbar in deiner Wohnung auf, so dass sie dich immer wieder an deinen Entschluss erinnert.
Nur der Wille setzt Handlungen in Entschlüsse um. Ersetze negative Schlüsselsätze durch positive.
TIPP: Sage dir diese Aussage immer laut und leise vor. Setze jeden Tag einen oder mehrere Kernglaubenssätze praktisch um.
Glaube an dich! Glaube an deine innewohnenden Kräfte, an deine Kreativität, deine Stärken, Talente, Fähig- und Fertigkeiten. Lobe dich!!!
Denke immer daran, dass die Effizienz deiner Verhaltensänderung größtenteils von deiner Selbsterkenntnis abhängt.

Reflexion:

— Hast du als Vater, Mutter, Kind Person X bisher so wahrgenommen?
— Kannst du nachvollziehen, weshalb er / sie / es manchmal so reagiert hat?
— Welche Gefühle sind JETZT in dir?
— Bist du über die Offenheit von X überrascht?
— Fühlst du dich hilflos?
— Hast du Ideen, wie du X unterstützen kannst?
— Welche Motivation müsste X haben?
— Welche motivierenden Aspekte kannst du setzen?
— Was kann X besonders gut?
— Wo liegen ihre / seine Begabungen?

— Was sollte ausgebaut werden?
— Wie könnte sich das positiv auf die ganze Familie / Gruppe auswirken?

Durchführung IV:

Der Coach / Trainer schreibt eine Zusammenfassung zur gemeinsamen Visualisierung an das Flip-Chart.
Alle Mitglieder versuchen die positiven Aspekte von Vater, Mutter, Kind/ern zu benennen.

Durchführung V:

Alle Mitglieder sitzen in der großen Runde. Jeder kehrt mindestens eine seiner negativen Glaubensüberzeugungen um und schreibt diese Aussage als positive Überzeugung an das Flip-Chart. Dahinter erfolgt der Name!

Durchführung VI:

Jedes Mitglied schreibt seine positive Glaubensüberzeugung auf eine farbige Karte, die es zu Hause sichtbar aufhängen soll.
Dieser Aufrichter ist ein Mutmacher!

Modifikation:

Die Karte mit einem schönen Motiv verzieren.
Anschließend, wenn die Zeit ausreicht: Mit einer positiven Selbsteinschätzung ein Selbstportrait malen.
Als Rollenspiel durchführen. Bereits erlebte Situationen mit o.g. Äußerungen werden gespielt.

Kreative Verschreibung:

Welche weiteren Aufrichter benötigst du in speziellen Lebenskontexten? Schreibe sie einzeln auf eine Karte / Aufkleber.

Notizen:

Alltagszwänge

Sorgenmuster / Zwangsgedanken / Hierarchie erstellen / Löschung / Ersetzen durch neue Gedanken / externe Hilfen

Material:

DIN-A4-Blätter, Stifte

Hinweis:

Zeitaspekt: 15 Minuten.

Durchführung I:

Fixiere deine Alltagszwänge: Z.B. im häuslichen Bereich, in deinem Schulalltag, in deiner Praxis, in deinem Büro etc.
Liste dabei all die Arbeitszwänge auf, die dich blockieren, einschränken, belasten, lähmen, krank machen.

Durchführung II:

Entwickle eine Prioritätenliste. Beginne mit dem Alltagszwang, der dich am geringsten belastet.

Reflexion:

— War dir bewusst, dass du von vielen Zwängen umgeben bist?
— Welche Zwänge belasten dich stark?
— Welche Möglichkeiten siehst du im Augenblick, um deine Alltagszwänge zu minimieren?
— Welche Zwänge kannst du ganz ausschalten?
— Wie könntest du dich bestimmter Zwänge ohne externe Hilfe entledigen?
— Welche externen Hilfsmöglichkeiten siehst du?
— Willst du dich noch weiter mit diesem Thema beschäftigen?
— Was sollte sich noch verändern?
— Welche Möglichkeiten hast du selbst?
— Wer könnte was innerhalb der Familie übernehmen?

Modifikation:

Als Gegenmaßnahme: Beschreibung positiver Alltagshandlungen.

Kreative Verschreibung:

Überlege genau, welche externe Hilfe für dich sinnvoll erscheint, um Alltagszwänge zu minimieren bzw. zu löschen.

Hier einige Möglichkeiten der Inanspruchnahme: Beratung, Supervision, Coaching, Therapie.

Notizen:

Familien- / Gruppenübungen

Visionsentwicklung

Meditation / Zielentwicklung / Vision / selbsterfüllende Prophezeiung / Selbstwahrnehmung

Material:

Fragebögen, Stifte

Durchführung I:

Wenn du eine realistische Vision für deine Familie entwickeln willst, wirst du in der einen oder anderen Form regelmäßig meditativ aktiv sein müssen. D.h. genau in dich hineinhören und in die Herzen deiner Familienmitglieder. Du entdeckst neue Horizonte und kannst sie visualisieren.
Dadurch steigerst du deine Lebensenergie, deinen Glauben und dein Gefühl, erfolgreich zu sein. Dein Selbstvertrauen nimmt zu.

Du wirst feststellen, dass Visionen oder Zukunftsperspektiven mitreißend sind, dass du andere Familienmitglieder begeistern und damit anziehen kannst. Engagement, gepaart mit Intensität, hat eine magnetische Wirkung.
Du als Persönlichkeit solltest durchdrungen sein von dem, was du glaubst.
Du bist eine Energiequelle und setzt Absichten in Handlungen um.

Mit deiner Vision schlägst du eine Brücke von der Gegenwart zur Zukunft.
Die Vision ist ein klares Bild von einer erwünschten Zukunft.

Durch die Entwicklung und Entfaltung deiner eigenen Lebensenergie verbreitest du in deinem Umfeld ein positives Klima und steckst damit andere Familienmitglieder an.

Aufmerksamkeit durch eine Vision zu erzielen bedeutet, einen Fokus, einen Brennpunkt zu schaffen.
Dieser entsteht zunächst durch bewusste Einengung des Aufmerksamkeitsfeldes, Gerichtetheit auf ein Optimum.

Trainiere diese Detail-Konzentration und erweitere diese.
Du wirst immer mehr Details wahrnehmen können.
Dieser Vorgang ist mit einem Laserlichtstrahl vergleichbar, der auf einen Punkt gerichtet wird.
Nach und nach erweitert sich dieser Lichtstrahl und es werden immer mehr Elemente beleuchtet.
Konzentration ist die intentionale Ausrichtung im Hinblick auf Organisation und Regulation sämtlicher Wahrnehmungsprozesse.
All deine Sinne sind auf Empfang ausgerichtet, so dass du ganzheitlich wahrnehmen wirst und ein neues Raumerlebnis entsteht.

Es entsteht eine Wahrnehmungs- oder sogar eine Erlebnis-Konzentration.

Durchführung II:

Fülle selbstreflektierend folgenden Fragebogen aus:

— Stell dir die Frage, wo du vor 5 Jahren mit deiner Familie standest!

_____
_____
_____

— Frage dich, wo du mit deiner Familie vor 10 Jahren standest!

_____
_____

— Wo stehst du und deine Familie heute?

_____
_____

— Hättest du vor fünf oder zehn Jahren geglaubt, wo du und deine Familie heute steht?

_____
_____

— Wie wird dein Familienleben in 5 Jahren aussehen?

_____
_____

— Was wird in 10 Jahren sein?

_____
_____

Stelle JETZT die Weichen für eure Zukunft und lebe bewusst in der Gegenwart.
Setze JETZT die Ziele, die euch eurer Vision näher bringen.
Strukturiere verantwortlich dein Leben und das deiner Familie!

Reflexion:

Gemeinsame Auswertung und Reflexion anhand des Fragebogens.

Modifikation:

Die Visionen der einzelnen Mitglieder namentlich an das Flip-Chart schreiben. Dabei schreibt jeder seine Vision an. Diese werden als System „gebündelt" bzw. mit einer anderen Farbe eingekreist.

Jedes Familiensystem verwendet ein eigenes Metaplanpapier. Nachdem alle Systeme ihre Visionen fixiert haben, werden alle Blätter nebeneinander an die Wand geheftet.
Aufgabe ist für alle Beteiligten, Vergleiche zu ziehen. Die unterschiedlichen Merkmale betrachten und verstärken. Aber auch Gemeinsamkeiten in den verschiedenen Systemen erkennen.

Kreative Verschreibung:

Frage dich selbst:
Was haben wir als Familie aus der VERGANGENHEIT gelernt?
Wie leben bzw. genießen wir als Familie die GEGENWART?
Wie sollen wir als Familie gemeinsam unsere ZUKUNFT planen?

Notizen:

Vom Minus zum Plus

Selbstwahrnehmung / Kernglaubenssatz verändern / Negatives in Positives verwandeln / Mut

Material:

DIN-A4-Blätter, Stifte

Durchführung I:

Wenn du auf der Arbeit, in der Schule, beim Einkaufen bist und du an deinen Partner, die Kinder oder die Kinder an die Eltern denkst, so hast du manchmal positive aber auch manchmal negative Gedanken und Gefühle in dir.

Fixiere einen negativen Kernglaubenssatz, der dir oft einfällt, wenn du an deine Familie denkst.

Durchführung II:

Überlege, was gibt es für positive Anteile in deiner Familie?!
Fixiere JETZT einen positiven Kernglaubenssatz als Gegenpart.
Du proklamierst damit ab sofort die Erreichung eines neuen Zieles.
Aus deiner inneren mentalen Repräsentation soll der negative Kernglaubenssatz eliminiert werden und durch den positiven Kernglaubenssatz ersetzt werden.
Stell dir einen Computer vor, der deine bisherigen Kernglaubenssätze gespeichert hat. Nun liest du auf dem Monitor den gespeicherten negativen Kernglaubenssatz, den du vorhin auf das Blatt geschrieben hast.
Markiere mit der Maus diesen Satz und werfe ihn in den Papierkorb.
An diese Stelle schreibst du JETZT den positiven Kernglaubenssatz und speicherst ihn ab.
Wie du weißt, kann der negative Kernglaubenssatz immer noch aus dem Papierkorb geholt werden.
Leere kurzerhand den Papierkorb!

Durchführung III:

Ein Mutiger aus der Familie / Gruppe liest zunächst seinen negativen dann seinen positiven Kernglaubenssatz vor. Er / sie berichtet dabei über innere Wahrnehmungs- und Verarbeitungsprozesse, die in die positive Beschreibung per Überzeugung münden.

Reflexion:

— Was spürst du innerlich noch, wenn du den negativen Kernglaubenssatz siehst, hörst?

- Was war zu viel?
- Was empfindest du, wenn du den positiven Kernglaubenssatz siehst, hörst?
- Welche Gefühle entstehen?
- Welche Gedanken kommen hinzu?
- Was kannst du für die einzelnen Familienmitglieder tun?
- Was braucht jeder Einzelne?
- Was braucht die ganze Familie?
- Welche gemeinsamen Rituale sollen eingeführt bzw. wieder eingeführt werden?
- Was soll das gemeinsame Ziel sein?
- Können wir gemeinsam eine Vision entwickeln?
- Was löst in unserer Familie Glück, Freude und Wohlbefinden aus?

Modifikation:

O.g. Vorgang auf dem Computer schreiben, den alten Text ausdrucken und im Aktenvernichter zerkleinern.

Hinweis:

Schau dir einige Stunden später und an mehreren Tagen noch deinen positiven Kernglaubenssatz vor deinem inneren Auge an!
Doch Vorsicht!
Negative Kernglaubenssätze haben es in sich. Sie zeigen sich hartnäckig. Denn sie wollen wieder kommen. Halte ihnen bildlich gesprochen das STOPP-Schild entgegen.

Kam dir der negative Kernglaubenssatz im Alltag immer wieder in Erinnerung? Wie hast du ihn eliminiert?

Hast du deinen positiven Kernglaubenssatz laut oder leise ausgesprochen? Verbinde mit deiner Aussage andere positive Wahrnehmungsinhalte, die einer Person oder allen Beteiligten gut tun!

Kreative Verschreibung:

Male ein STOPP-Schild auf und hänge es an deinen Arbeitsplatz!

Notizen:

Perfektionist

Selbst- und Fremdwahrnehmung / Überzeugungen verändern / Negatives in Positives verwandeln / Mut / Selbstkontrolle

Material:

DIN-A4-Blätter, Stifte

Durchführung I:

Du kennst dich selbst am besten. Dir und deiner Familie ist bekannt, dass du ein Perfektionist bist. Das Leben ist nicht immer einfach. Für dich und die anderen.
Du weißt genau Bescheid, kennst deine übertriebene Anspruchshaltung und deine zwanghaften Tendenzen.

Immer denkst du:

— ICH muss perfekt sein!
— ICH darf keine Fehler machen!
— Andere Menschen schätzen mich gering, wenn ICH versage!
— ICH muss Großartiges leisten, um wertvoll zu sein!
— Immer muss ICH das Haus in Ordnung haben, damit meine Familie mich liebt!
— Das Essen muss immer pünktlich auf dem Tisch stehen, damit mein Partner (meistens Ehemann) mit mir zufrieden ist!
— ICH muss alles überprüfen!
— ICH muss alles unter Kontrolle haben!
— usw.

Durchführung II:

Du selbst wirst unleidlich, wenn die Familienmitglieder oder andere Menschen deinen Erwartungen nicht entsprechen. Schnell bist du frustriert, wirst nervös und wütend, wenn die Dinge nicht so laufen, wie du es gerade meinst.

Das Leben ist für dich sehr anstrengend! Für deine Mitmenschen auch!

Du wirst für dein Verhalten eine Erklärung haben. Egal ob es die Gene, die Erziehung, Vorbilder, Prägungen sind.

Sage nicht aber:
Das ist JETZT uninteressant! Auch wenn dir diese Äußerung nicht gefällt.
Suche dir JETZT einen ruhigen Ort, wo du für dich ganz allein bist. Denke, reflektiere in deinem inneren Spiegel und betrachte dich darin.

Schau dir ins Gesicht. „ICH sieht ICH!"

Hinweis:

Zeitaspekt: 30 Minuten. Anschließend trifft sich die Familie / Gruppe im Plenum.

Selbstreflexion:

Unterteile dein Blatt in zwei Hälften, in Plus und Minus.

Betrachte die Vorteile und die Nachteile im Zuge deines Selbstanspruchs im Hinblick

— auf deine Familie
— auf deine Beziehungen
— auf dein Leben.

Stelle dir dabei immer wieder die Frage:

— Was bringt es mir, wenn ICH daran glaube?
— Was habe ICH davon, wenn ICH an meiner Anspruchshaltung festhalte?
— Passt meine Geisteshaltung noch in unser Familiensystem?
— Wie schadet es mir selbst?
— Schade ICH den anderen?
— Usw.

Durchführung III:

Ein mutiger aus der Familie / Gruppe setzt sich in den Innenkreis und liest seine / ihre subjektiven Plus- und Minusergebnisse vor.

Die Selbstaussagen sollen zunächst ohne Kommentierung wirken!

Im folgenden Verlauf dürfen die anderen Familien- / Gruppenmitglieder durch ihre subjektiven Äußerungen bestätigen und ergänzen.

Reflexion:

— Welche Wahrnehmungsprozesse waren in dir?
— Wie hast du dich gefühlt?
— Tat es dir gut, allein zu reflektieren?
— Welche Haltungen empfindest du JETZT als übertrieben?
— Was ist das Besondere an deiner Perfektion?
— Was sind die Nachteile an deiner Perfektion?
— Kannst du nachvollziehen, wie dein Perfektionismus auf die einzelnen Familienmitglieder wirkt?

- Was wird an Beziehungspflege in deiner Familie benötigt?
- Was braucht jeder Einzelne?
- Was möchtest du ändern?
- Wer kann dir aus der Familie dabei helfen?
- Brauchst du externe Hilfe?
- Welche gemeinsamen Rituale sollen eingeführt bzw. wieder eingeführt werden?
- Was soll das gemeinsame Ziel sein?
- Können wir gemeinsam meine, unsere Verhaltensmuster überwinden?
- Wie wollen wir gemeinsam unser Leben leben?

Modifikation:

Den oben beschriebenen Vorgang im gesamten Plenum durchführen. Plus und Minus wird am Flip-Chart bearbeitet.
Treffe feste bzw. schriftliche Vereinbarungen mit der gesamten Familie / Gruppe und befestige diesen Vertrag sichtbar, z.B. an der Küchenpinwand.

Kreative Verschreibung:

Entwickle für dich alltagstaugliche Übungen und Rituale, die für dich einen Gelassenheitscharakter besitzen.

Notizen:

Ideenbörse

Selbst- und Fremdwahrnehmung / Kreativität / positives Denken

Material:

DIN-A4-Blätter, Stifte

Hinweis:

Zeitaspekt: 20 Minuten.

Durchführung I:

Für deine Familie, die dir sehr wertvoll ist, hast du eine gute Idee.
Suche dir einen ruhigen Ort im Haus oder im Garten.
Visualisiere deine Idee, weil du der Meinung bist, das wäre genau das Richtige für die gesamte Familie.
Mache daraus eine Familienidee!
Analysiere und reflektiere die Bedeutung und den Wert dieser guten Idee.
Schau dabei, wie alle Mitglieder davon profitieren können.
Mache dir konkret Gedanken zur Umsetzung.

Hinweis:

Zeitaspekt: 20 Minuten.

Durchführung II:

Laufe durch das Haus, den Garten und suche dir einen Partner (Mann, Frau, Kind) mit dem du deine Idee wechselweise im Hinblick auf Tauglichkeit und Realisierung besprechen und ggf. modifizieren kannst.

Hinweis:

Zeitaspekt: 20 Minuten. Die Familie / Gruppe trifft sich im Plenum.

Durchführung III:

Zu zweit werden entweder die Einzelergebnisse, d.h. Einzelidee oder falls vorhanden die Gemeinschaftsidee vorgestellt. Die Ideen werden an das Flip-Chart geschrieben.
Die anderen Familien- / Gruppenmitglieder rücken nach.

Durchführung IV:

Nachdem alle Familienmitglieder ihre Ideenbörse aufgelistet haben, wird derselbe Vorgang mit den anderen Mitgliedern fortgesetzt.

Der Austausch wird solange fortgeführt, bis jeder mit jedem eine Idee entwickelt hat.

Hinweis:

Zeitaspekt: 20 Minuten

Zum Abschluss werden zur gemeinsamen Visualisierung die Metaplanblätter an die Wand geheftet.
Nun wird gemeinsam unter Berücksichtigung jedes Einzelsystems zusammengetragen, analysiert und reflektiert, ob der Erstentwurf, der Zweitentwurf oder eine Kombination der familiären Idee erweitert bzw. verbessert werden kann.

Modifikation:

Die Übung wird überwiegend auf Metaplanpapier gemalt.

Kreative Verschreibung:

Jedes Mitglied nimmt seine Ideenbörse ggf. korrigiert mit und überprüft, ob die Idee konstruktiv weiter entwickelt werden kann.

Notizen:

Glaubensüberzeugungen investieren

Selbstkenntnis / Selbstvertrauen / Selbstbewusstsein / Selbstreflexion / Selbst- und Fremdwahrnehmung

Material:

DIN-A4-Blätter, Stifte, Flip-Chart, Metaplanpapier, Eddings

Hinweis:

Zeitaspekt: 20 Minuten.

Durchführung I:

Kernglaubenssätze sind ureigene Grundüberzeugungen, die eine existenzielle Bedeutung und Richtungsweisung für dein Leben haben.

Deine Psyche ist dein Kapital; nutze diese dynamische Kraft.
Du wirst das, an das du denkst. In der Bibel steht: „So wie ein Mensch in seinem Herzen denkt, so ist er." D. h. die Kraft kommt aus dem Innern.

Wie gut kennst du dich selbst?
Du wirst in deinem Leben für deine Leistungen belohnt, nicht für deine Möglichkeiten.
Dein Verhalten wird sehr wesentlich dadurch festgelegt, was du über dich selbst, deine Eigenschaften, Fähigkeiten und Fertigkeiten denkst.

Betrachte jeden Tag als ein Geschenk und als eine Chance, Dinge in Bewegung zu setzen. Beginne in deiner Familie damit! Investiere bewusst in die Begegnung, in die Kommunikation, in das Handeln! Die Familie ist es wert!

Durchführung II:

Suche dir im Haus, im Garten einen ruhigen Ort, an dem du dich wohl fühlst. Analysiere und reflektiere über dich und deine Möglichkeiten. Liste deine positiven Eigenschaften, Fähigkeiten und Fertigkeiten auf. Bedenke, was du gerne in deine Familie investieren möchtest.

Hinweis:

Zeitaspekt: 20 Minuten.
Die Familie / Gruppe trifft sich danach im Plenum.

Durchführung III:

Nach und nach stellen sich die Mitglieder (nicht systemgebunden) selbst mit ihren Möglichkeiten dar.

Dabei sollen sie betonen, was sie bisher investiert haben und diese Aspekte auf dem Metaplanpapier auflisten. Anschließend wird ein „fetter Strich" im Sinne von Bilanz darunter gezogen. Mit einer anderen Farbe, z.B. Grün, werden weitere Möglichkeiten, im Sinne der Durchführung II welche die betreffende Person neu investieren will, fixiert. Nicht zuletzt werden diese Botschaften auf dem Hintergrund persönlich gelebter Rollen ausgedrückt.

Reflexion I:

— War dir sofort bewusst, was du alles an positiven Überzeugungen in deine Familie investierst?
— Bist du ein Möglichkeitsdenker?
— Liegt es an deinem Rollenverständnis?
— Meinst du, es gehört zu deinen Pflichtaufgaben?
— Welchen Wert hat für dich deine Familie?
— Warst du überrascht, dass du noch mehr positive Glaubensüberzeugungen in dir entdeckt hast?
— Warst du dir dieser Wirkung in dir und auch im Kontakt zu den anderen bewusst?
— Welche positiven Perspektiven siehst du für deine Familie?
— Welchen Wunsch verbindest du damit?
— Bist du ein Zusammenarbeiter?
— Bist du ein Mutmacher?
— Usw.

Durchführung IV:

Zum Abschluss werden zur gemeinsamen Visualisierung, die Metaplanblätter an die Wand geheftet.
Jedes Mitglied visualisiert seine eigenen Botschaften im Vergleich mit den Aspekten der anderen. Hat er / sie während des bisherigen Verlaufs oder JETZT in der Gesamtschau weitere Veränderungsmöglichkeiten für sich selbst entdeckt, so soll er / sie dieses mit einer neuen Farbe fixieren.

Reflexion II:

— Hat sich JETZT deine Sichtweise verändert?
— Sind dir aufgrund der Gesamtschau Verbesserungen, Verfeinerungen oder ganz neue Aspekte im Hinblick auf deine Überzeugungen gekommen?
— Usw.

Durchführung V:

Jedes Familien- / Gruppenmitglied nimmt sein Investitionsposter mit.

Modifikation:

Die Übung wird familiendynamisch von allen Mitgliedern, ohne zunächst miteinander zu sprechen, auf ein gemeinsames Poster geschrieben.

Kreative Verschreibung:

Das eigene Poster wird überarbeitet. Zunächst soll eine Rangfolge im Sinne der persönlichen Wertigkeit entwickelt werden.
Nun male ein Herz auf ein neues Blatt und schreibe deine Glaubensüberzeugungen hinein. Häng dein Blatt auf, sodass du immer wieder daran erinnert wirst.

Notizen:

Fragebogen zur Stärkung des Selbstwertgefühls

Selbstwahrnehmung / Fremdwahrnehmung / Selbstwert / Aufmerksamkeit / verbale und nonverbale Übung

Material:
Stift, Fragebogen

Durchführung:
Jedes Familien- / Gruppenmitglied zieht sich zurück und füllt in Ruhe diesen Fragebogen aus.
Alle Teilnehmer treffen sich anschließend im Plenum.

Analysiere und reflektiere folgende Fragen im Hinblick darauf, wann, wo und wie du dich fühlst, wenn Gedanken der:

— Minderwertigkeit,

— Unbeliebtheit,

— Ungeliebtheit,

— des Kritisiertseins,

— der Zurückweisung,

— des Nicht-erfolgreich-Seins,

— des Versagens,

— usw.

in dir sind.

1.
Gibt es in deinem Familienalltag Situationen, in denen vorangegangene Aspekte zutreffen?
Beschreibe mehrere Situationen:

_____
_____
_____
_____
_____

2.

Welche negativen Gefühle erlebst DU in bestimmten Situationen?

___

3.

Fühlst DU dich eher traurig, minderwertig, eifersüchtig, herabgesetzt, zurückgewiesen oder mehrere Aspekte gleichzeitig?

___

4.

Sind es immer wieder ähnliche Situationen?

___

5.

Kommt es meistens im Kontakt mit den gleichen Familienmitgliedern / Gruppenmitgliedern vor?

___

Familien- / Gruppenübungen

6.

Was redest DU dir anschließend ein?

_____
_____
_____
_____

7.

Welche Konsequenzen hat die Schwächung oder Kränkung deines Selbstwertgefühls?

_____
_____
_____
_____

8.

Wie wirkt es sich anschließend auf deinen Alltag aus?

_____
_____
_____
_____

9.

Wie wirkt es sich auf andere Beziehungen außerhalb deiner Familie aus?

_____
_____
_____
_____

10.

Wie und womit kannst DU deinen negativen Gefühlen wirkungsvoll begegnen?

_____
_____
_____
_____

11.

Mit wem könntest DU in deiner Familie am besten darüber reden?
Wer versteht deine Gedanken und Gefühle am besten?

_____
_____
_____
_____

12.

Warum kannst DU dieser Person vertrauen?

_____
_____
_____
_____

13.

Wie könnte deiner Meinung nach konkrete Hilfe bzw. Unterstützung aussehen?

_____
_____
_____
_____

14.

Welche Person ist in deiner Familie (Kernfamilie / Großfamilie / Gruppe) bewundernswert?

___

15.

Was zeichnet diese Person aus?

___

16.

Hat dieser Mensch einen gewissen Vorbildcharakter?

___

17.

Glaubst DU, dass dieser Mensch über ein gesundes Selbstwertgefühl verfügt?

___

18.

Wie will ICH in Zukunft mit solchen Situationen umgehen?

_____
_____
_____
_____
_____

19.

ICH will es nicht mehr zulassen, weil ICH:

_____
_____
_____
_____
_____
_____

20.

Welche Techniken werde ICH einsetzen?

_____
_____
_____
_____
_____

— Sei aktiv!
— Setze Maßstäbe!
— Beeinflusse dein Denken und Handeln!
— Setze Ziele!
— Lerne zu wachsen!
— Schau, wie DU anderen Menschen helfen kannst und unterstütze sie!
— Investiere in deine Beziehungen!
— Achte auf deine positiven Seiten!
— Achte auf die positiven Seiten deiner Familienmitglieder!
— Achte auf die positiven Seiten anderer Menschen!
— Schau auf deine Begabungen!

Merke:

- Alles, was ICH beachte, verstärkt sich!
- Suche dir ein Vorbild!
- Denke daran: Es ist nicht immer so wichtig, was andere von dir denken!
- Wichtig ist, dass DU mit deinen Werten im Einklang bist!
- Äußere positive Formulierungen und schreibe diese auf!
- Hänge diese Aussage sichtbar in deinem Haus oder der Wohnung auf / über dem Schreibtisch, so dass DU immer wieder an deinen Entschluss erinnert wirst.
- Nur dein Wille setzt Entschlüsse in Handlungen um!!!

Reflexion :

Vorstellung des Fragebogens. Rückmeldung, Analyse, Austausch im Plenum.

Modifikation :

Der Coach / Trainer fixiert die positiv geäußerten Aspekte ans Flip-Chart.

Kreative Verschreibung:

Schreibe deinen persönlichen Mutspruch auf eine Karte und stelle sie sichtbar auf.
Und schreibe ihn auf ein kleines Kärtchen und stecke es in dein Portomanie.

Notizen:

Das 4. Gebot I

Ehre / Dank / Anerkennung / Wertschätzung / Achtung / Respekt / Selbstreflexion / Selbst- und Fremdwahrnehmung

Material:

Bibeln, DIN-A4-Blätter, Stifte, Flip-Chart, Metaplanpapier, Eddings

Hinweis:

Zeitaspekt: 20 Minuten.

Durchführung I:

Ehre deinen Vater und deine Mutter und es wird dir gut gehen, solange du lebst. (Vgl. Bibel, 5. Mose 5, 16)

Ob du gläubig bist oder nicht. Dein Leben hat immer mit o.g. Schlüsselbegriffen zu tun.
Eines ist sicher. Deine Eltern haben aus Liebe zu dir auf manches verzichtet. Das haben sie in der Regel gern getan. Verzicht aus Liebe, wie es bei Partnern oft vorkommt.
Aber wie sieht es heute bei dir aus?

Reflexion I:

— Bist du bereit, aus Liebe zu deiner Mutter auf Annehmlichkeiten zu verzichten?
— Bist du bereit, aus Liebe zu deinem Vater auf Annehmlichkeiten zu verzichten?
— Gibst du gerne zurück?
— Warum: Ja?
— Warum: Nein?
— Hat das 4. Gebot für dich persönlich eine Bedeutung?
— Welche Werte schätzt du heute besonders?
— Welche Werte waren für dich früher wichtig?
— Was hat sich verändert?
— Sind deine Werte nicht ähnlich?
— Lebst du nicht zu 70-80% die Werte, die du mitbekommen hast?
— Welche Werte möchtest du heute verändern?
— In welchen Bereichen war dir früher deine Mutter ein Vorbild?
— In welchen Bereichen war dir früher dein Vater ein Vorbild?
— Gab es früher andere Vorbilder?

- Welches Vorbild hast du heute?
- Für welchen Menschen verzichtest du gern?
- Meinst du, es gehört zu deiner Pflicht, dass du dich um deine Mutter, deinen Vater kümmern solltest?
- Welchen Wert hat für dich deine Mutter?
- Welchen Wert hat für dich dein Vater?
- Bist du ein Möglichkeitsdenker?
- Welchen Wunsch verbindest du damit?
- Usw.

Durchführung II:

Suche dir im Haus, im Garten einen ruhigen Ort, an dem du dich wohl fühlst.
Analysiere und reflektiere über dich selbst und das 4. Gebot.
Liste alle positiven Erlebnisse, Begegnungen, Begebenheiten aus deiner Kindheit, Jugend und evtl. aus dem Erwachsenenalter auf.
Schreibe alle Impulse zunächst ungeordnet auf. Sortiere die Erlebnisse und ordne sie in Lebensabschnittskategorien.

Hinweis:

Zeitaspekt: 20 Minuten.
Die Familie / Gruppe trifft sich danach im Plenum.

Reflexion II:

Der Coach / Trainer entwirft nach Vorgabe des Vaters, der Mutter ein Organigramm der Gesamtfamilie.
Jedes einzelne Familienmitglied trägt vor und erklärt für die Gesamtfamilie / Gruppe anhand seiner Aufzeichnungen, welche gelebten Aspekte wichtig waren bzw. noch sind.

Anschließend schreibt der Coach / Trainer alle vorgetragenen Aspekte, die mit dem 4. Gebot im Zusammenhang stehen in die vorgesehenen Kästchen, d.h. passend zur jeweiligen Person.

Durchführung III:

Zum Abschluss werden zur gemeinsamen Visualisierung die Metaplanblätter an die Wand geheftet.
In der Gesamtschau wird gemeinsam betrachtet, welche Werte und Besonderheiten in allen Familien gelebt wurden bzw. werden.

Modifikation:

Jede Familie / Gruppe zieht sich zurück und bespricht das o.g. Thema gemeinsam.

Es werden Dreiergruppen aus unterschiedlichen Familien gebildet. Jedes Mitglied stellt seine Sicht vor.

Kreative Verschreibung:

Lies und reflektiere. Welche Gebote sind dir auch wichtig. Integriere sie in deinen Lebensalltag.

Notizen:

Das 4. Gebot II

Ehre / Dank / Anerkennung / Wertschätzung / Achtung / Respekt / Selbstreflexion / Selbst- und Fremdwahrnehmung

Material:

Bibeln, DIN-A4-Blätter, Stifte, Flip-Chart, Metaplanpapier, Eddings

Durchführung I:

Ehre deinen Vater und deine Mutter und es wird dir gut gehen, solange du lebst. (Vgl. Bibel, 5. Mose 5, 16)

Ob du gläubig bist oder nicht. Es hat immer mit o.g. Schlüsselbegriffen zu tun. Eines ist sicher. Deine Eltern haben aus Liebe zu dir auf manches verzichtet. Das haben sie in der Regel gern getan. Heute sind dir diese Aspekte bewusst. Doch manches hat dich früher kräftig genervt. Nicht selten haben dich ihre Einstellungen, Werte und Regelungen, aber auch ihre Eigenheiten aggressiv gemacht. Auch heute gibt es noch bestimmte Dinge, die dich ärgern.

Reflexion I:

— Hat das 4. Gebot für dich persönlich eine Bedeutung?
— Wie sieht es mit deiner Gewissensbildung aus?
— Ist es schwer, das 4. Gebot zu halten?
— Wie sieht es mit deiner Selbstverantwortung aus?
— Usw.

Durchführung II:

Suche dir im Haus, im Garten einen ruhigen Ort, an dem du dich wohl fühlst. Analysiere und reflektiere über dich und das 4. Gebot im Hinblick auf die Reflexionsfragen und erweitere sie.
Schreibe alle Impulse zunächst ungeordnet auf. Sortiere die Erlebnisse und ordne sie in Lebensabschnittskategorien.

Hinweis:

Zeitaspekt: 20 Minuten.
Die Familie / Gruppe trifft sich danach im Plenum.

Reflexion II:

Der Coach / Trainer entwirft nach Vorgabe des Vaters, der Mutter, des jugendlichen oder erwachsenen „Kindes" ein Organigramm der Gesamtfamilie. Anschließend schreibt er alle bedeutenden Aspekte, die ihm genannt werden, in die vorgesehenen Kästchen.

Jedes einzelne Familienmitglied beschreibt für die Gesamtfamilie / Gruppe anhand seiner Aufzeichnungen, welche Merkmale negativ waren bzw. noch sind.

Reflexion II:

— Wo gibt es Parallelen zwischen den Generationen?
— Welche Negativaspekte waren entwicklungsbedingt?
— Gab es Phasen, wie z.B. Pubertät?
— Gab es andere Familienkrisen?
— Krisen auf der Paarebene?
— Anhaltende Konflikte zwischen Vater und Kind?
— Anhaltende Konflikte zwischen Mutter und Kind?
— Krankheiten oder sonstige belastende Umstände?
— Politische Meinungsverschiedenheiten?
— Religiöse Haltungen?
— Negative Einflüsse durch bestimmte Peergruppen?
— Finanzielle Belastungen?
— Übertriebene Gesundheitshaltungen?
— Vaters Hobby?
— Mutters Hobby?
— Traditionen und damit verbundene Verpflichtungen?
— Usw.

Durchführung III:

Zum Abschluss werden zur gemeinsamen Visualisierung die Metaplanblätter an die Wand geheftet.
In der Gesamtschau wird gemeinsam betrachtet, welche Negativhaltungen in allen Familien gelebt wurden bzw. werden.
Allem voran steht die Erfahrung, dass es in den meisten Familien ähnliche Probleme gab und gibt.

Durchführung IV:

Als Nachlese werden persönliche Werte aller Familien- / Gruppenmitglieder auf ein neues Metaplanpapier aufgelistet. Jedes Mitglied schreibt unsortiert für sich positiv gelebte Werte auf.
Der Coach / Trainer zieht mit allen Mitgliedern Bilanz. Anschließend fasst er noch einmal zusammen unter folgenden Hinweisen:

— Wertvorstellungen können verschieden sein!
— Unterschiedliche Wertvorstellungen dürfen sein!
— Jeder hat ein Recht auf seine Werte!
— Wir sollen Achtung vor den Werten des anderen haben!

- Wir dürfen keinen zwingen, nach unseren Werten zu leben!
- Auch Eltern können lernen, die Werte ihrer pubertierenden Kinder zu respektieren, wenn sie „gesellschaftsfähig" sind!
- Unterstütze und mache dem anderen Mut, seine Werte zu leben!
- Alle Menschen besitzen einen Wert!

Bedenke:
- Eltern lernen von ihren Kindern!
- Eltern können auch von pubertierenden Kindern lernen!
- Eltern besitzen Modellfunktion!
- Große und kleine Kinder lernen von den Eltern!
- Kinder lernen aufgrund unterschiedlicher geschlechtsspezifischer Rollen und Funktionen!

Modifikation:
Jede Familie / Gruppe zieht sich zurück, bespricht das o.g. Thema gemeinsam und fixiert ihre Negativaspekte auf Metaplanpapier.
Analog können dazu die Positivaspekte aufgelistet werden.

Kreative Verschreibung:
Reflektiere und halte schriftlich fest: Wann und durch welches Mitglied ist es gelungen, Negativhaltungen zu durchbrechen?
Was können wir gemeinsam vorbeugend tun, um zu verhindern, dass ein Mitglied oder mehrere in alte Muster zurückfallen?

Notizen:

Werbeanzeige

Selbst- und Fremdwahrnehmung / Selbsteinschätzung / Überzeugung / Ressourcen / Stärken / nonverbale Übung

Material:

Flip-Chart, Metaplanpapier, Eddings, Schreibunterlagen, DIN-A4-Blätter, Stifte, Box, Tesakrepp

Durchführung I:

Stell dir vor, du willst ein Zeitungsinserat als Chiffreanzeige aufgeben.
Schreibe deine eigene Werbeanzeige!
Es kommt auf deine persönliche Selbsteinschätzung an. Sie soll prägnant, klar gegliedert, relativ „objektiv" sein, fachliche Merkmale, soziale Kompetenzen und besonders hervorzuhebende Qualitäten aufweisen.

Durchführung II:

Suche dir im Haus, im Außengelände einen Ort der Ruhe.
Analysiere, reflektiere, werte und bewerte dich selbst. Beschreibe und stelle deine Person mit all deinen Potenzialen bestens dar.

Hinweis:

Zeitaspekt: 20 Minuten.
Die Gruppe trifft sich anschließend im Plenum.

Durchführung III:

Jedes Familien- / Gruppenmitglied legt verdeckt seine fertig entworfene Werbeanzeige in die Box.
Der Coach / Trainer mischt alle Werbeanzeigen und reicht die Box an eine beliebige Person weiter. Diese liest die obenliegende Werbeanzeige vor. Im ersten Schritt überlegt sie selbst, von welcher Person die Anzeige stammen könnte.
Im zweiten Schritt überlegen die übrigen Mitglieder, zu welcher Person die Selbstbeschreibung passt.
Findet es keine Person heraus, kann sich der Betreffende zu erkennen geben.

Reflexion I:

— Was hast du während der Selbstbeschreibung empfunden?
— Waren dir deine starken Profile sofort transparent?
— Woran hast du dich „festgebissen"?
— Hast du positive Aspekte vergessen?
— War für dich die Bewertung, Gewichtung und deren Selektion ein Problem?

- Gab es Formulierungsschwierigkeiten?
- Warst du im Einklang mit dir selbst?
- Was würdest du JETZT im Nachhinein an deiner Werbeanzeige ändern wollen?
- Warum und weshalb?
- Könnte deine Werbeanzeige in dieser Form abgedruckt werden?
- In welcher Zeitung sollte sie platziert sein?

Reflexion II:

- Wie bewerten die anderen Familien- / Gruppenmitglieder deine Selbstbeschreibung?
- Trifft die positive Darstellung den Kern deiner Persönlichkeit?
- Welche Aspekte sind stark übertrieben?
- Welche Anteile lebst du davon praktisch im Alltag?
- Welche Aspekte sind untertrieben?
- Warum bist du so bescheiden?
- Was können wir als Vater, Mutter, Kind dazu beitragen, damit du deine Potenziale besser leben kannst?
- Usw.

Durchführung IV:

Der Coach / Trainer malt die Struktur einer Werbeanzeige auf Metaplanpapier und schreibt die positiven Aspekte, die ihm alle Familien- / Gruppenmitglieder nennen, auf.
Zur gemeinsamen Betrachtung werden alle Werbeanzeigen an die Wand geheftet.

Modifikation:

Jedes Mitglied fixiert laut kommentierend seine Werbeanzeige vor der Gruppe auf Metaplanpapier.

Kreative Verschreibung:

Schreibe eine Werbeanzeige für dich, indem du diesmal völlig übertreibst.

Notizen:

Du musst lernen, mit deinem Potenzial bewusst umzugehen!

Selbstwahrnehmung / Fremdwahrnehmung / Selbstverantwortung / Potenziale / Investition / Vertrauen / Selbstvertrauen / Wertschätzung

Material:
Fragebögen, Stifte, Metaplanpapier, bunte Eddings, Tesakrepp

Hinweis:
Zeitaspekt: 20 Minuten.
Denke daran: In dir stecken mehr Möglichkeiten, als du dir selbst zutraust!

Durchführung I:
Suche einen Ort in diesem Haus oder im Außenbereich auf, an dem du dich wohl fühlst. Analysiere dich selbstkritisch und reflektiere über folgende Fragen.

Entdecke das:
— Besondere
— Herausragende
— Einmalige
— usw. an dir.

Was begeistert dich an deiner Person?
_____
_____
_____

Wie und wodurch begeisterst du die anderen Familienmitglieder?
_____
_____
_____

Welche Botschaften melden dir Vater, Mutter, Geschwister, Kind/er zurück?
_____
_____
_____

Familien- / Gruppenübungen

Wie und wodurch begeisterst du andere Menschen, z.B. im Kontakt mit Kunden, Vorgesetzten, Mitarbeitern, Kollegen, Schülern, Studenten, usw.?

_____
_____
_____

Welche Botschaften melden dir erwähnte Personen außerhalb der Familie zurück?

_____
_____
_____

Durchführung II:

Die Familien- / Gruppenmitglieder treffen sich im Plenum und stellen ihre Potenziale vor. Die anderen Mitglieder bestärken und unterstützen die Aussagen.

Reflexion I:

— Wie hast du dich während des Ausfüllens gefühlt?
— Reichte für dich die Zeit aus?
— In welchen Bereichen konntest du deine Potenziale sofort erkennen?
— In welchen Bereichen hattest du keine Ideen?
— Durch welche gedanklichen Umwege bist du dir „auf die Schliche gekommen"?
— Bist du mit dir zufrieden?
— Wo hast du sonst noch Bedarf?
— Wie klang es für dich, nachdem die anderen Familien- / Gruppenmitglieder dich in deiner Wahrnehmung unterstützt und bestärkt haben?

Durchführung III:

Die Familien- / Gruppenmitglieder kritisieren vorsichtig, wenn sich eine Person selbst überschätzt hat.

Reflexion II:

— Wie hast du dich in der Phase der Kritik gefühlt?
— Fühlst du dich angegriffen oder gar verletzt?
— Bist du darüber traurig?
— Leidest du darunter, dass ausgerechnet Vater, Mutter, Geschwister, das Kind die Kritik angebracht hat?

- Bist du froh, dass es gerade diese Person gesagt hat, weil du ihr besonders vertraust?
- Welchen persönlichen Nutzen kannst du daraus ziehen?
- Musst du die kritische Botschaft erst noch „sacken" lassen?
- Möchtest du zu einem anderen Zeitpunkt noch einmal darauf zurückkommen?
- Was war für dich die beste Rückmeldung?
- Welche Person tat dir besonders gut?

Durchführung IV:

Jede Familie / Kleingruppe wählt eine Person aus, die über die größten, besten, interessantesten Potenziale verfügt.
Von dieser Person wird ein Profil mit ihren besten Stärken auf Metaplanpapier angefertigt.
Anschließend wird das Poster an die Wand geheftet.

Durchführung V:

Aus dieser Posterausstellung wird der „König" mit den besten Potenzialen gekürt.
Der Coach / Trainer malt mit bunten Eddings eine Krone auf das Poster.
Alle Mitglieder stellen sich in einen großen Kreis. Der „König" stellt sich auf einen Stuhl oder einen Tisch in die Mitte des Kreises.
Ein Familien- / Gruppenmitglied oder der Coach / Trainer liest jeweils laut ein Potenzial vor, die anderen Mitglieder pfeifen, johlen, applaudieren dazu.
So werden die positiven Eigenschaften bzw. Merkmale nach und nach genannt.

Reflexion III:

- Wie hast du dich in der letzten Phase gefühlt?
- Bist du ein „König"?
- Bist du ein „Königskind"?
- Bist du durch die Unterstützung aller Mitglieder erfreut?
- Was wirst du mit diesem Erlebnis machen?
- Wird es dich im Alltag begleiten?
- Usw.

Modifikation:

Die Familie / Gesamtgruppe fertigt vom „König" ein großes Portrait mit Beschreibung an.
Das Zeichnen, Malen kann auch nonverbal umgesetzt werden.

Kreative Verschreibung:

Im Gegenzug schreibe deine negativsten Merkmale auf, über die du sonst nicht gerne sprichst.
Was kannst du dem einen oder anderen Merkmal positives abgewinnen? Markiere es in einer anderen Farbe und begründe es.

Notizen:

Achtung vor dem Alter

Ehre / Anerkennung / Wertschätzung / Achtung / Respekt / Selbstreflexion / Selbst- und Fremdwahrnehmung

Material:

Metaplanpapier, Eddings

Hinweis:

Zeitaspekt: 30 Minuten.

Durchführung I:

Kniggestunde: Ein altes Thema, doch immer noch aktuell!
Generationenkonflikt und die Kunst des Umgangs der Generationen miteinander.
Folgende Anregungen, Fragen, Impulse sollen die Kleingruppen als Familie / Subgruppe, jeweils bestehend aus 3-5 Personen mitnehmen und darüber diskutieren.

— Müssen wir alte Werte wieder in den Mittelpunkt unserer Familie rücken?
— Müssen wir alte Werte wieder in den Fokus unserer Umwelt rücken?
— Wie gingen wir früher mit älteren Menschen in unserer Familie, unserem Umfeld um?
— Was hat sich gesellschaftlich verändert?
— Was hat sich bei uns verändert?
— Wie gehen die Kinder mit unserer Großmutter, unserem Großvater um?
— Wie gehen die Kinder mit uns als Mutter und Vater um?
— Wie gehen wir als Vorbild für unsere Kinder mit unseren Eltern um?
— Wie gehen wir mit unseren Kindern um?
— Fällt es uns schwer, einen liebevollen Umgang miteinander zu leben?
— Welche Werte bestimmen unser Handeln in unserer Familie?

Durchführung II:

Die Familie / Subgruppen treffen sich im Plenum.
Einzelne Familien- / Gruppenmitglieder berichten über den Diskussionsverlauf und die erzielten Ergebnisse.
Der Coach / Trainer fasst im Zuge der Gesamtreflexion die gemeinsamen Arbeitsergebnisse zusammen und fixiert diese an das Flip-Chart.

Reflexion:

— Gibt es noch Restfragen?

— Fühlt sich jeder von euch verstanden und berücksichtigt?
— Hat sich durch die Diskussion deine Haltung gegenüber dem Alter verändert?
— War für dich die Übung ein Gewinn?
— Was hat sich im Vergleich verändert?
— Sind deine Werte für dein Handeln bedeutend?
— Lebst du sie bewusst?
— Gibt es alte Menschen, denen du noch etwas mitteilen möchtest?
— Usw.

Modifikation:

Als Einzelübung durchführen. Jedes Mitglied stellt seine Sicht vor.

Kreative Verschreibung:

Erinnerst du dich noch an gewisse Peinlichkeiten?
Schreibe sie auf.

Notizen:

Gute Zeiten – schlechte Zeiten

Freude / Trauer / Enttäuschung / Glück / Erwartung / selbsterfüllende Prophezeiung / Selbstwahrnehmung

Material:

Alte Familienfotos

Hinweis:

Die Familie / Gruppe bleibt im Plenum.

Durchführung I:

Alles hat seine Zeit! In der Familie wie auch bei den einzelnen Mitgliedern, insbesondere bei den heranreifenden Kindern, gibt es Entwicklungsphasen, welche das Gleichgewicht bzw. die Harmonie beeinflussen. Das Denken und Handeln wird dadurch stark bestimmt. Herausforderungen müssen allein und vor allem gemeinsam gemeistert werden.
Der Spannungsbogen reicht von Krankheitsphasen, neuen Gruppensituationen in Kindergarten und Schule, Freundeskreis, Vereinen, Kirche, Pubertätskrisen, Schulkrisen bis Freundschaftskrisen mit Liebeskummer.
Auch das Verhältnis von Eltern und Kindern ist so manchen Veränderungen unterworfen. So muss das Leben in der Familie immer wieder neu gestaltet werden. Die Beziehungen untereinander nehmen ab oder nehmen zu. Auf beiden Seiten ist manches schmerzhaft, manches lässt sich nicht mehr korrigieren, Versäumnisse nicht mehr nachholen.
Wichtig ist und bleibt: Die Zukunft liegt vor uns!
Es ist wichtig, sich positiv auf den Rest der gemeinsamen Zeit einzustellen.

Durchführung II:

Die Familie / Gruppe sitzt im Kreis.
Die Fotos werden zunächst in der Runde herumgereicht.
Jedes Foto, das in der Hand gehalten wird, soll von Vater, Mutter, dem Kind mit zwei bis drei Sätzen kommentiert werden. Deutlich soll für alle werden, um welche Situation es geht, in welchem Alter und in welcher Lebensphase es damals aufgenommen wurde.
Jedes Mitglied beschreibt anhand des einzelnen Fotos, welche schöne Zeit bzw. welches Erlebnis und anschließend, welche schwierige Zeit damit verbunden war.
Der Coach / Trainer fasst die Ergebnisse zusammen, zeigt die schwierigen oder belastenden familiären Umstände auf, aber betont die positiven Merkmale unter dem Motto: „Das Beste bleibt im Herzen!". Die guten Erinnerungen tragen durch, geben Kraft und machen Mut!

Systemische Aspekte der Selbst- und Fremdwahrnehmung werden hierbei aus ihrer Sicht zwischen Kommunikation und Interaktion aus dem Familienalltag verdeutlicht.

Reflexion:
- Wie hast du dich dabei gefühlt?
- Welche Ängste entstanden, als du deine persönlichen Erfahrungen weitergegeben hast?
- Wärst du lieber in einer später stattfindenden Runde drangekommen?
- Welche Wünsche, Hoffungen hast du für die Zukunft deiner Familie?
- In welche Beziehungen musst du vermehrt investieren?
- Was ist dir sonst noch wichtig?
- Welche Möglichkeiten der Veränderung siehst du für deine Familie?
- Was könntest du noch ändern?
- Was willst du als Nächstes ändern?
- Was sollten alle Familienmitglieder in Zukunft beachten?
- Usw.

Modifikation:
Einen Dankesbrief an ein Familienmitglied schreiben und per Post abschicken. Mit den „besten Wünschen" von einem, der dich liebt und es gut mit dir meint!

Kreative Verschreibung:
Jedes Mitglied hält für sich fest, wie z.B. Krisen überwunden wurden, wie Chancen eines Neubeginns sichtbar und deutlich wurden.
Der Person, welche die Initialzündung zur Lösung der Krisenbewältigung hatte, eine Danke-Karte schreiben.

Notizen:

Mensch ärgere dich nicht!

Selbstwahrnehmung / Loslassen / Sensibilität / Sensitivität / Phantasiereise

Durchführung I:

Du wirst ein bestimmtes Problem nicht los. Immer und immer wieder kommt es in deinen Kopf. Es ist sozusagen ein Kopfproblem.
Du glaubtest, du hättest es schon lange bearbeitet und ausgeräumt.
Durch Selbstzweifel kommt es dir immer wieder in den Sinn.
Es blockiert und beeinträchtigt dich. Du ärgerst dich über dich selbst.

Durchführung II:

Setze dich bequem auf deinen Stuhl. Suche dir eine entspannte Sitzhaltung.
Wenn du kannst, schließe deine Augen. Lass es geschehen.
Beschreite den langen und steinigen Weg, bergauf, bergab. Immer weiter und weiter.
Du kennst den Weg, du kennst dein Ziel.
Der Coach / Trainer erzählt weiter!
Und du weißt:
Schon manchmal hast du dich gedanklich auf eine Reise begeben, bist bei folgendem Entspannungsbild stehen geblieben.
Vor deinem inneren Auge kletterst du auf einen Felsen an einer Küste.
Du suchst dir den höchsten Standort aus. Hoch erhaben stehst du oben auf dem Felsen, siehst die Weite, schaust in eine gewaltige Tiefe.
Symbolisch wirfst du dein Problem in die Tiefe des Meeres.
Und du siehst:
Die Wellen verschlingen das Problem und ziehen es in die Tiefe.
Dein Blick ist noch immer auf das Wasser gerichtet, bis alles vor deinem inneren Auge „zerfließt".
Und du verweilst! Du atmest tief durch. Ruhig und gleichmäßig atmest du.
Du spürst eine große Erleichterung. Dein Kopf ist leicht und frei.
Du fühlst dich wohl.

Durchführung III:

Rücknahme:
Recke und strecke deine Arme in die Höhe, öffne die Augen, balle die Hände zur Faust und führe die Arme wieder zurück.

Reflexion:

— Ist es dir gelungen, dich auf eine kurze Phantasiereise einzulassen?
— Entstanden Störfaktoren?

- Was hat dich gestört?
- Wie hast du dich oben auf dem Felsen gefühlt?
- Wie fühltest du dich, nachdem du dein Problem ins Meer geworfen hast?
- Was geht JETZT in dir vor?
- Wie wird es dir in der Realität gehen?

Modifikation:

Den Text der Phantasiereise erweitern.
Das Problem auf ein Blatt schreiben oder malen und im Sand vergraben.
Das Problem von einer Brücke in den Fluss werfen.
Das Problem auf ein Blatt schreiben oder malen und anschließend verbrennen.

Kreative Verschreibung:

Reflektiere und frage dich, welches Bild der Entspannung auf dich besonders intensiv wirkte?
Male es mit kräftigen Farben und hänge es auf. Es wird dich in Zukunft wirkungsvoll begleiten.

Notizen:

Familien- / Gruppenübungen

Eltern werden ist nicht schwer, Vorbild sein dagegen sehr

Selbstwahrnehmung / nonverbale Kommunikation / Kreativität / Ressourcen / Identität / Identifikation

Material:

Große Zeichenblätter, Blei- und Buntstifte, Radierer, Anspitzer, Wachsmaler, Pastellkreiden, Eddings

Einführung und Durchführung I:

Coach / Trainer fragt:
Wer ist dein größtes Vorbild? Was fasziniert dich an dieser Person?
Male, skizziere, beschreibe dein Vorbild. Stelle dabei die besonderen Merkmale wie Eigenschaften, Fähig- und Fertigkeiten, Talente usw. heraus.

Hinweis:

Während dieses Arbeitsvorgangs wird nicht gesprochen.

Jedes Familien- / Gruppenmitglied sucht sich einen Ort seiner Wahl.

Die Familie / Gruppe trifft sich anschließend im Plenum.

Reflexion I:

— Welche Person hast du beschrieben?
— Was hast du dabei gefühlt?
— Bist du mit der Art deiner Darstellung zufrieden?
— Was ist das Besondere, Bemerkenswerte, Liebenswerte an dieser Person?
— Warum bewunderst du diese Person?
— Warum identifizierst du dich mit diesen und jenen Anteilen der Person?
— Hat dieser Mensch dein Leben beeinflusst?
— Was ist das Positive, was du in ähnlicher Form verkörperst?
— Wie eng stehst du mit diesem Menschen in Kontakt?
— Bist du ihm / ihr zu Dank verpflichtet?
— Was könntest du noch von ihm / ihr lernen?
— Was wünscht du dir für deine Zukunft?
— Was soll sich in deinem Leben weiterhin verändern?
— Wie fühlst du dich JETZT?

Durchführung II:

Welche Merkmale, Eigenschaften würden durch dich in deiner Familie / Gruppe positive Auswirkungen haben?

Reflexion II:

— Hast du bisher genügend in dein Unternehmen „Familie" investiert?
— Wie sieht die Gewichtung zwischen Familie und Beruf aus?
— Was hat im Augenblick Priorität?
— Wann werden sich die Prioritäten ändern?
— Wie sehen deine Ziele mit deiner Familie aus?
— Welche Visionen hast du im Hinblick auf deine Familie?
— Welches Potenzial solltest du verstärkt einsetzen?
— Wie wirst du was in Zukunft ändern?

Modifikation:

Wer aus deiner Verwandtschaft könnte ein Vorbild sein?
Welcher Prominente könnte dein Vorbild sein?

Kreative Verschreibung:

Analysiere und reflektiere dich als Person von „außen". In welchen Bereichen kannst du ein Vorbild sein?

Notizen:

Spieglein, Spieglein an der Wand, wer ist ...

Mut / Konfrontation / Angst / Unsicherheit / Ehrlichkeit / aufmerksames Zuhören / Aushalten von Kritik / Selbst- und Fremdwahrnehmung / Erhellung

Material:
Großer Wandspiegel

Hinweis:
Ohne Zeitlimit!

Durchführung I:
Die ganze Familie / Gruppe stellt sich dicht vor den großen Spiegel. Jeder ist dem anderen ganz nah und lenkt seine ganze Aufmerksamkeit auf ein bestimmtes Mitglied der Familie / Gruppe.

Was siehst du?
— Schau dem anderen, obwohl er dir sehr nah ist, ganz genau ins Gesicht.
— Schau dir die Augen, Augenpartie, die Stirn, die Nase, den Mund, die Lippen genau an.
— Schau dir die Lach- und die Sorgenfalten genau an.
— Schau dir die Haut, die Sommersprossen, die Haare ganz genau an.
— Schau dir die Runzeln und Pickel an.
— Schau dir die glatte, gepflegte Haut an.

Durchführung II:
Jedes Familien- / Gruppenmitglied beschreibt ungefiltert, was es sieht, während alle Mitglieder vor dem Spiegel stehen bleiben.
Die empfangene Botschaft wird nicht kommentiert!

Reflexion I:
— Welche Gedanken und Gefühle entstanden bei dir zuerst?
— Welche positiven Gedanken und Gefühle entstanden sofort bei dir?
— Welche negativen Gedanken und Gefühle entstanden sofort bei dir?
— Ist dir bei dieser Übung heiß geworden?
— Wie war die Nähe für dich?
— Konntest du aufmerksam zuhören?
— Hättest du lieber sofort etwas darauf gesagt?

- Wie fühlst du dich JETZT?
- Kannst du gut mit den geäußerten Beobachtungen leben?
- Welche Gedanken und Gefühle der anderen bestärkten deine eigene Meinung?
- Hattest du bei deiner Äußerung Sorge, dass dein Gegenüber deine Botschaft falsch verstehen könnte?
- Welche Sorgen und Ängste bestehen noch?
- Was sagt das ganze Gesicht aus?

Durchführung III:

Jedes Familien- / Gruppenmitglied gibt JETZT bekannt, wie er es in seinem tiefsten Innern empfunden hat.
Anschließend beschreibt sich jeder selbst, wie er sein Gesicht bzw. seinen inneren Zustand wahrnimmt.

Reflexion II:

Jedes Familien- / Gruppenmitglied drückt seine momentane Stimmung aus und reflektiert dabei noch einmal, ob es mit den Ergebnissen zufrieden ist.
Ggf. erneuter Reflexionsprozess für einige Personen.

Durchführung IV:

Es wird auf Metaplanpapier ein großes Familienposter erstellt. Jedes Familien- / Gruppenmitglied zeichnet die Person mit ihren positiven Seiten, die es zuvor beschrieben und erklärt hat. Nach der Zeichnung wird das Bild bunt ausgemalt.

Reflexion III:

Jedes Familien- / Gruppenmitglied beschreibt in der Abschlussrunde seine Zufriedenheit (ohne die künstlerische Leistung zu bewerten) im Hinblick auf die Darstellung seines Gegenübers.

Modifikation:

Die Familien- / Gruppenmitglieder nehmen sich gegenseitig in den Arm.
Der Empfänger der Botschaft schließt die Augen oder bekommt die Augen verbunden.
Zeiten vorgeben.
Videoaufnahme.
Nur ein Mitglied steht vor dem Spiegel und alle anderen betrachten diese Person ausgiebig. Anschließend wird beschrieben.

Kreative Verschreibung:

Wie wäre es, wenn du die / der Schönste im ganzen Land wärst?
Schreibe auf, was alles dazu gehört.

Notizen:

Schau mich bitte an!

Mut / Konfrontation / Angst / Unsicherheit / Ehrlichkeit / aufmerksames Zuhören / Aushalten von Kritik / Selbst- und Fremdwahrnehmung / Erhellung

Material:
Großer Wandspiegel, Papier, Stifte

Durchführung I:
Die ganze Familie / Gruppe stellt sich dicht vor den großen Spiegel. Jeder ist dem anderen ganz nah und lenkt seine ganze Aufmerksamkeit auf ein bestimmtes Mitglied der Familie / Gruppe.
Jedes Mitglied legt seine Arme um den anderen und gibt namentlich bekannt, welche Person er beobachtet und beschreibt.
Alle Familien- / Gruppenmitglieder rufen ihre Beobachtungen laut aus, ohne Einhaltung einer Reihenfolge.
Wer glaubt, von seinem Gegenüber nicht gehört zu werden, soll seine Stimme lauter erheben.

Inhalte der Beobachtung und Beschreibung:
— Was siehst du?
— Schau dem anderen, obwohl er dir sehr nah ist, ganz genau ins Gesicht.
— Schau dir die Augen, Augenpartie, die Stirn, die Nase, den Mund, die Lippen genau an.
— Schau dir die Lach- und die Sorgenfalten genau an.
— Schau dir die Haut, die Sommersprossen, die Haare ganz genau an.
— Schau dir die Runzeln und Pickel an.
— Schau dir die glatte, gepflegte Haut an.

Und: Rede laut, was das Zeug hält!

Hinweis:
Zeitlimit: 5 Minuten.

Durchführung II:
Jedes Familien- / Gruppenmitglied erhält Papier und Stift und schreibt seine Wahrnehmungen auf.

Durchführung III:
Jedes Familien- / Gruppenmitglied liest JETZT vor, welche Aspekte es gehört hat.
Anschließend beschreibt sich jeder, wie er sich selbst sieht.

Reflexion:

— Welche Gedanken und Gefühle entstanden bei dir?
— Welche positiven Gedanken und Gefühle entstanden sofort bei dir?
— Welche negativen Gedanken und Gefühle entstanden sofort bei dir?
— Ist dir bei dieser Übung heiß geworden?
— Wie war die Nähe für dich?
— Konntest du aufmerksam zuhören?
— Konntest du nach deiner Meinung die wichtigsten Äußerungen aufschreiben?
— Wie fühlst du dich JETZT?
— Welche Gedanken und Gefühle der anderen bestärkten deine Meinung über dich selbst?
— Hattest du bei deiner Äußerung Sorge, dass dein Gegenüber deine Botschaft falsch verstehen könnte?

Modifikation:

Den Zeitaspekt um 5 Minuten verlängern.
Erstellung eines gemeinsamen Familien- / Gruppenposters.
Der Empfänger der Botschaft bekommt die Augen verbunden und alle Mitglieder rufen laut ihre Beobachtungen aus.

Kreative Verschreibung:

Dreh deinen eigenen Film! Mach eine Videoaufnahme, während du dich selbst erklärst, um sie den anderen Familien- / Gruppenmitgliedern zu zeigen.

Notizen:

Bitte eines Freundes / einer Freundin

Selbstwahrnehmung / Umgang mit Zweifel / Herausforderungen und innere Konflikte / Kreativität / Ressourcen / Echtheit

Material:
DIN-A4-Blätter, Stifte

Einführung und Durchführung I:
Dein bester Freund / beste Freundin heiraten endlich.
Als Paar und als Familie ward ihr ihnen immer große Vorbilder.
Gemeinsam habt ihr viel erlebt und unternommen. Sie waren gerne bei euch zu Hause. Besonders schätzen sie euren warmherzigen und liebevollen Umgang miteinander.
Dein Freund / deine Freundin haben dich darum gebeten, eine Hochzeitsansprache über „Liebe und Glück" zu halten.
Nun habt ihr gerade selbst eine Beziehungskrise.

— Wie gehst du mit Anspruch und Wirklichkeit um?
— Suche dir einen ruhigen Ort und schreibe die Hochzeitsansprache zum Thema „Liebe und Glück".

Durchführung II:
Bevor du beginnst, setzte dich mit deiner eigenen Beziehung auseinander.

— Reflektiere deine eigenen Beziehungs- und Liebesmuster.
— Was macht die eigentliche Liebe aus?
— Liebe überdauert!
— Liebe überwindet!
— Liebe verzeiht!
— Liebe schafft neue Chancen!
— Liebe gibt dem anderen!
— Liebe ist immer (auch ohne Erwartungshaltung) wie ein Bumerang! Sie kommt zu dir zurück!!!

Durchführung III:
Schreibe, skizziere das positive Verhalten, die positiven Eigenschaften deines Partners, deiner Kinder, deiner Gruppe.

Hinweis:
Während dieses Arbeitsvorgangs wird nicht gesprochen.

Jedes Familien- / Gruppenmitglied sucht sich einen Ort seiner Wahl.

Die Familie / Gruppe trifft sich anschließend im Plenum.

Keine Zeitvorgabe!

Jedes Familien- / Gruppenmitglied stellt seine Hochzeitsansprache zum Thema „Glück und Liebe" vor.

Reflexion I:
— Wie hat die Hochzeitsansprache auf die anderen gewirkt?
— Was hast du dich während der Selbstreflexion gefühlt?
— Bist du mit der Art deiner Beschreibung zufrieden?
— Könntest du JETZT noch mehr Emotionen ausdrücken?

Reflexion II:
— Welche Gedanken kamen dir zuerst während der Selbstreflexion?
— Welche Gefühle entstanden daraus?
— Welche Empfindungen gingen dir unter die Haut?
— Was ist das Wertvollste an deiner Beziehung zum Partner, zu den Kindern?
— Was macht eure Familie aus?

Reflexion III:
— Welche Gedanken möchtest du JETZT deinem Gegenüber mitteilen?
— Welche Gefühle bestimmen dich JETZT besonders stark?

Durchführung IV:
Beide Partner oder wenn sinnvoll die ganze Familie / Gruppe oder ein Teil davon stellen sich in die Mitte des Kreises und sprechen ihre Gefühle und Gedanken aus.
Dieses geschieht in der Gestalt, dass sich die Beteiligten gegenüberstehen und sich in die Augen schauen, während sie zueinander sprechen.

Durchführung V:
Alle Mitglieder setzen sich und äußern abschließend ihre Wahrnehmungen.
Nun drückt, wer möchte, seinen Dank im Sinne einer Rückmeldung aus.

Modifikation:
Einen Baustein weglassen.
Als Dank für entgegengebrachte Liebe dem anderen ein Bild malen.
Eine Karte mit einem besonderen, aufbauenden, liebenswerten Satz schreiben.

Kreative Verschreibung:

Frage: Was erwarte ICH für die Zukunft zum Thema „Liebe und Glück" in meiner Beziehung?
Woran müssen WIR gemeinsam arbeiten?!
Liste die wichtigen Aspekte auf und diskutiere sie sorgsam mit deinem Partner.

Notizen:

Die Moral von der Geschicht

Fremd- und Selbstwahrnehmung / Umgang mit Zweifel / Herausforderungen / Vertrauen / Wertschätzung / Ressourcen / Echtheit

Material:
— ./.

Hinweis:
Keine Zeitvorgabe!

Durchführung I:

Gesprächsgegenstand: Dein Kind bzw. der Jugendliche hat sich gegenüber seiner Freundin, seinem Freund auf einer Party negativ verhalten.
Wegen Eifersüchteleien hat sich der Jugendliche dermaßen geärgert, dass er / sie lauthals über seinen Freund / seine Freundin sexuell verwerfliche Äußerungen getätigt hat.
Die Stimmung an diesem Abend war für alle Gäste, insbesondere für den Gastgeber dahin. Der verbale Aggressor hat die Party verlassen. Zurück blieb ein verzagter Jugendlicher, der zunächst Trost und Zuspruch bedurfte.

Verwerfliche Äußerungen werten den Menschen ab, rücken ihn in ein negatives Bild, verletzen ihn. Durch Ausschüttung von Adrenalin und Noradrenalin spielt die „Chemie", d.h. Gefühl und Verstand verrückt. Dieses geschieht immer auf dem Hintergrund persönlicher kultureller, familiärer und religiöser Werte. Jedoch werden auch da eigene Grenzen oftmals überschritten.
Auch wenn in einer Familie verbale Äußerungen „im Rahmen", gesellschaftlich betrachtet, bleiben, können bei Jugendlichen die Nerven durchgehen und kann es so zu moralischen Entgleisungen kommen. Oftmals tut es ihnen hinterher sofort leid.

Wichtig ist in einer intakten Familie, dass darüber in Ruhe geredet wird. Gut, wenn dein Kind bzw. der Jugendliche mit dir / euch darüber sprechen und gemeinsam nach Lösungsansätzen gesucht werden kann.

Reflexion I:
— Was hast du selbst in dieser Situation empfunden?
— Wie hast du dich anschließend gefühlt?
— Was glaubst du, hat deine Freundin, dein Freund in der Situation empfunden?
— Welche Gefühle sind wohl bei ihr, ihm entstanden?
— Was haben die anderen Partygäste über dich gedacht?

- Was wird der Gastgeber über dich denken?
- Wie kannst du dich rehabilitieren?
- Was ist zu tun!

Durchführung II:

Die Familie / Gruppe sammelt Vorschläge, wie der Betreffende sich entschuldigen kann. Was er / sie als Wiedergutmachung tun sollte.

Reflexion II:

- Mit welchem Vorschlag möchtest du den Versuch einer Wiedergutmachung unternehmen?
- Wie gehst du dabei sorgsam, umsichtig und sinnvoll vor?
- Wie schaffst du es?
- Welche Materialien (Blumen, Karte, Sonstiges) werden dein Handeln unterstützen?
- Wie erreichst du den Gastgeber?
- Wie erreichst du die anderen Partygäste?
- Wann wirst du was tun?
- Welche Konsequenzen ziehst du daraus?
- Wie willst du in Zukunft mit ähnlichen Situationen umgehen?
- Welche moralischen Instanzen kannst du dir setzen?
- Wie willst du es tun?

Modifikation:

Lösungsstrategien aufschreiben.
Konkrete Hilfestellung geben, wenn wenig eigene Ideen vorhanden sind.
Umkehrung der Situation: Wenn kein Leidensverständnis vorhanden ist oder wenn nur eine geringe Ausprägung da ist. Im Rollenspiel wird der Aggressor zum Opfer. Die anderen Mitglieder beschimpfen ihn mit den Äußerungen, die er selbst hätte geben können.

Kreative Verschreibung:

Umgang mit deinen Emotionen:
Setze dich mit dem Thema Entspannung auseinander. Schau ins Internet oder geh in den Buchhandel und suche dir ein Entspannungsbuch oder eine Entspannungs-CD aus. Lies die Einführung und erprobe die Übungen.

Notizen:

Think big!

Fremd- und Selbstwahrnehmung / Selbsteinschätzung / Ressourcen / Selbstverantwortung / Selbstvertrauen / Wertschätzung / Echtheit

Material:

Stifte, DIN-A4-Blätter

Hinweis:

Zeitvorgabe: 15 Minuten.

Durchführung I:

Du musst lernen, von dir groß zu denken!
Jedes Familien- / Gruppenmitglied zieht sich zurück und fragt sich:

– Was kann ICH besonders gut?
– In welchen Bereichen habe ICH den meisten Erfolg?
– Was wollte ICH schon immer tun?
– Wo kann ICH meinen bisherigen Rahmen sprengen?
– Was hat meine Familie davon?
– Was habe ICH davon?
– Was haben andere Menschen davon?
– Usw.

Durchführung II:

Die Familie / Gruppe trifft sich im Plenum. Jedes Mitglied stellt nach Abschluss der jeweiligen Reflexionsrunde seine Think-big-Liste vor.

Reflexion:

– Was hast du zunächst bei dieser Fragestellung empfunden?
– Wie hast du dich dabei gefühlt?
– Welche Gedanken haben deine Überlegungen begleitet, weil du genau weißt, wie Papa / Mama / Kind I / Kind II / Kind III / Partner / Großeltern über deine Ideen denken?
– Welche Unterstützung wünscht du dir von einem bestimmten Familienmitglied?
– Was sollte deiner Meinung nach die ganze Familie tun?
– Usw.

Durchführung III:

Der Coach / Trainer oder ein Familienmitglied schreibt mit Edding auf Metaplanpapier unter dem jeweiligen Namen auf, was und wie diese Person durch jedes Familienmitglied wirkungsvoll und aktiv Unterstützung erfährt.
So konkret wie möglich!
Ggf. Datum bei späterer Hilfe und Unterstützung festhalten!

Modifikation:

Wenn Mind-Maping-Kenntnisse beim Coach / Trainer vorhanden sind, als kreatives Schaubild nutzen.

Kreative Verschreibung:

Gestalte dein eignes Mind Map auf Metaplanpapier und hänge es in deinem Zimmer auf.

Notizen:

Familien- / Gruppenübungen

ICH brauche deine Nähe

Nähe / Berührung / Bedürfnisse wahrnehmen / Selbst- und Fremdwahrnehmung

Material:

Augenbinde

Durchführung I

Der Coach / Trainer leitet folgendes Thema ein:
Das Gute ist: Frauen sprechen das aus, was sie fühlen, was sie denken.
Ihr liegt beide abends im Bett. Er befindet sich wie immer schnell im Schlaf, während sie noch wach liegt und meistens grübelt. Im Halbschlaf nimmt er ihre Stimme wahr.
Sie sagt zu ihm: „Früher, als du noch jünger warst, hast du immer während des Einschlafens meine Hand gehalten." Halbschlafend knurrt er: „Ja", und nimmt ihre Hand in seine. Nach einiger Zeit sagt sie: „Früher, als du noch jung warst, hast du dich immer an mich gekuschelt." Es dauert einige Sekunden und er rutscht näher an sie heran, sodass sich beide Körper berühren.
Sie fühlt sich sicher und geborgen und kann langsam in den Schlaf hinübergleiten.
Er schläft schon lange tief und fest.
Und: Beiden tut es wohl.

Reflexion I:

— Welche Gedanken und Gefühle entstehen JETZT bei dir?
— Was ist daran positiv?
— Was ist daran negativ?
— Wie weit ist der „Sicherheitsabstand"?
— Warum ist es dazu gekommen?
— Was soll geschehen, damit du das Bedürfnis hast?
— Was wünschst du dir von deinem Partner?
— Welche weiteren Bedürfnisse nach Zärtlichkeit und Nähe sind in dir?

Durchführung II:

Im Wechsel bekommen die Ehepartner die Augen verbunden und sitzen sich gegenüber. Der „Sehende" äußert laut seine Bedürfnisse, während der „Hörende" alles Gesagte ohne Kommentar aufnimmt.

ICH wünsche mir von dir:
— dass ICH am Tage Worte der Liebe höre

- dass ICH von dir auch zwischendurch in den Arm genommen werde
- dass ICH auch tagsüber einen Kuss bekomme
- dass ICH von dir auch mal spontan geliebt werde
- usw.

Reflexion II:
- Bist du über die Äußerungen deines Partners erstaunt?
- Hättest du die eine oder andere Aussage sonst für möglich gehalten?
- Haben dir die ausgesprochenen Wünsche gut getan?
- Was willst du als Erstes ändern?
- Bist du froh, dass ihr darüber gesprochen habt?
- Hast du deine Wünsche schon lange in dir getragen?
- Usw.

Modifikation:

Beide Partner werden aufgefordert, jeweils eigene Bedürfnisse in Form eines Aufsatzes oder in Form eines Romans aufzuschreiben.

Kreative Verschreibung:

Besprich eine Kassette / CD und schenke sie ihr / ihm.

Notizen:

Selbstachtung

Selbstkonfrontation / Unsicherheit / Ehrlichkeit / Selbstkritik / Selbstannahme / Selbst- und Fremdwahrnehmung / Erhellung

Material:
DIN-A4-Papier, Kugelschreiber, Radierer, Blei- und Buntstifte

Durchführung I:
Der Mensch erkennt sich durch das Gewahr werden seines Selbst. Es ist die Fähigkeit, eine Identität zu entwickeln und ihr einen Wert beizumessen. Du bestimmst bzw. definierst dich als Person, d.h. du beurteilst dich selbst. Ohne ein gewisses Maß an Selbstachtung ist ein psychisches Überleben undenkbar.

Durchführung II:
Schließe bitte die Augen. Stelle dir vor deinem inneren Auge einen großen Spiegel vor.
Betrachte dich stehend oder sitzend in diesem großen Spiegel.
Schau dich genau an!
Was siehst du?
— Wie schaust du dich an?
— Skeptisch, kritisch, wohlwollend?
— Was entdeckst du zuerst?
— Wie gefällt dir deine Kleidung?
— Trägst du deine Lieblingsfarben?
— Welche Schuhe trägst du dazu?
— Wie steht es um deine Figur?
— Wie ist deine Körperhaltung?
— Wie sitzt deine Frisur?
— Gefällt dir deine Haarfarbe?
— Schau dir ins Gesicht. ICH sieht ICH!
— Betrachte deine Lachfalten.
— Betrachte deine Sorgenfalten.
— Bist du mit dir zufrieden?

Das war JETZT die Außenbetrachtung. JETZT betrachte deinen Innenraum.
— Was entdeckst du zuerst?
— Welche Stärken entdeckst du in dir?
— Welche Schwächen entdeckst du in dir?

Öffne bitte JETZT deine Augen.

Durchführung III:

Jedes Familien- / Gruppenmitglied malt, skizziert sich selbst und protokolliert seine Gedanken und Gefühle auf der Rückseite des Blattes.
Jeder sucht sich einen ruhigen Ort. Die Familie / Gruppe trifft sich anschließend im Plenum.

Hinweis:

Ohne Zeitlimit.

Durchführung IV:

Ein freiwilliges Mitglied, was sich darstellen möchte, legt sein gemaltes Blatt in die Mitte des Kreises, sodass es jeder sehen kann. Die Person erklärt sich selbst. Ist die Selbsterklärung abgeschlossen, spiegeln die anderen Mitglieder ihre persönlichen Wahrnehmungen zunächst bezogen auf das Bild, später im Hinblick auf die tatsächliche Persönlichkeit.

Durchführung V:

Vom IST-Zustand zum SOLL-Zustand.
Schließe bitte die Augen. Stelle dir vor deinem inneren Auge einen großen Spiegel vor.
Betrachte dich stehend oder sitzend in diesem großen Spiegel.
Stell dir JETZT vor, wie du sein möchtest.
Was siehst du?

— Welche Kleidung trägst du?
— Welche Farben hat deine Kleidung?
— Welche Schuhe hast du an?
— Wie sieht deine Frisur aus?
— Welche Körperhaltung zeigst du?
— Welche Sprache spricht dein Körper?
— Was hast du für eine Figur?
— Wie ist deine Hautfarbe?
— Was für ein Gesicht siehst du?
— Wie bist du geschminkt?
— Welche Falten siehst du?
— Fühlst du dich entspannt?
— Fühlst du dich angespannt?

Öffne bitte JETZT deine Augen.

Durchführung VI:

Male dich so, wie du dich gerade wahrgenommen hast und protokolliere auf der Rückseite des Blattes deine Gedanken und Gefühle.
Jeder sucht sich einen ruhigen Ort. Die Familie / Gruppe trifft sich anschließend im Plenum.

Hinweis:

Ohne Zeitlimit.

Durchführung VII

Ein freiwilliges Mitglied, was sich darstellen möchte, legt sein gemaltes Blatt in die Mitte des Kreises, sodass es jeder sehen kann. Die Person erklärt sich selbst. Ist die Selbsterklärung abgeschlossen, stellt der Coach / Trainer folgende Reflexionsfragen.

Reflexion:

— Wie hast du dich während der 2. Übung gefühlt?
— Was war anders?
— Was war das Positive?
— Hast du währenddessen das Gefühl gehabt zu lächeln?
— Warst du dabei entspannter?
— Warst du freudig erregt?
— Wurden Energien freigesetzt?
— Hast du dich als kreativ empfunden?
— Welche Ressourcen hast du entdeckt?
— Magst du dich?
— Liebst du dich?
— Welche äußeren Merkmale möchtest du verändern?
— Welche äußeren Merkmale möchtest du erweitern?
— Welche inneren Eigenschaften möchtest du weiterentwickeln?
— Wie soll dein Verhalten in Zukunft sein?

Durchführung VIII:

Coach / Trainer: Grundsätzlich besitzt jeder Mensch Selbstachtung.
Es kann jedoch durch innere und äußere Lebensumstände vorkommen, dass du den Kontakt zu dir selbst verloren hast.
Wichtig ist, dass du deine Selbstachtung wie einen verloren Schatz wiedergefunden hast.

Modifikation:

Zeitaspekt festlegen.
Die Übungen in zwei Sitzungen durchführen.

Kreative Verschreibung:

Das gefühlte Gefühl:
Zeichne eine Skala von 0 – 10 und positioniere dich nach deinem Gefühl.

Notizen:

Das Familienschauspiel. Ein Akt in mehreren Sätzen.

Rollenspiel / Erwartung / selbsterfüllende Prophezeiung / negatives Denken / Selbst- und Fremdwahrnehmung

Material:
– ./.

Durchführung I:

In der Familie gibt es kleine und große Krisen. Das ist normal. Viele kleine Krisen können eine große Krise auslösen. Eine große Krise kann das ganze System erschüttern, sodass es wie ein Kartenhaus zusammenfällt.
So ist die Beziehung auf der Elternebene und nicht selten auf der Ebene der Kinder beeinträchtigt, gestört oder gar zerrissen.
In all den Streitigkeiten, Auseinandersetzungen, Gemeinheiten und seelischen Verletzungen, – mittendrin in diesem Schauspiel die Kinder. Auch wenn Eltern meinen, sie wären gute Schauspieler und denken, Kinder bekämen nicht alles mit. Kinder sind wie kleine und große Seismographen, weil sie spüren, wenn etwas nicht stimmt. Sie haben ein feines Gespür für die kleinsten Kommunikationsprobleme.
Letztlich sehen Kinder den Scherbenhaufen, wenn Eltern in ihrer Hilflosigkeit versagen.
Die Eltern leben Krisen vor, die sie selbst überfordern, die sie zunächst nicht lösen können. Nicht selten geben sich Kinder die Schuld am Zerbrechen von Beziehungen und wollen helfen.

Durchführung II:

Spielt als Rollenspiel eine kleine oder große Krise durch, die ihr selbst in eurer Familie durchlebt habt. Stellt dabei so authentisch wie möglich die Situationen nach.

Zeitaspekt:

20 Minuten.

Reflexion I:

– Wie hast du dich JETZT als Mutter gefühlt?
– Wie hast du dich JETZT als Vater gefühlt?
– Wie hast du dich JETZT als Kind gefühlt?
– Wie hast du dich damals als Mutter gefühlt?
– Wie hast du dich damals als Vater gefühlt?

- Wie hast du dich damals als Kind gefühlt?
- Würdest du HEUTE in ähnlichen Situationen anders handeln?
- Glaubst du, du würdest dich genauso überfordert fühlen?

Durchführung III:

Spielt die gleiche Situation mit denselben Probleminhalten unter folgenden Aspekten:

- Achtung
- Respekt
- Wertschätzung
- genau zuhören
- ausreden lassen

Reflexion II:

- Wie hast du dich diesmal gefühlt?
- Bist du besser verstanden worden?
- Bist du aufmerksamer und sensibler mit deinem Gegenüber umgegangen?
- Hast du Respekt ausgedrückt?
- Konntest du Wertschätzung zeigen?
- Glaubst du, du könntest Krisen in neuen Situationen anders meistern?
- Welche Möglichkeiten der Veränderung siehst du für dich?

Modifikation:

Videoeinsatz

Kreative Verschreibung:

Das Familienschauspiel:
Male ein Vorher-Bild und ein Nachher-Bild.
Lege die Bilder nebeneinander und vergleiche.

Notizen:

Self-Feedback

Mut / Selbstkonfrontation / Unsicherheit / Ehrlichkeit / Selbst- und Fremdwahrnehmung / Erhellung

Material:

Papier, Stifte

Durchführung I:

Die Familie / Gruppe sitzt im Kreis.
Ein freiwilliges Mitglied sitzt in der Mitte des Kreises und gibt laut und verständlich Selbst-Feedback. Er / sie darf alle Negativ- und Positivaspekte über sich selbst äußern, die mit seinem / ihrem Kommunikationsverhalten zu tun haben.
Der Coach / Trainer unterteilt sein Blatt in Plus und Minus und protokolliert entsprechend die Äußerungen.

Hinweis:

Zeitlimit: 15 Minuten.

Durchführung II:

Jedes Familien- / Gruppenmitglied erhält Papier und Stift und schreibt JETZT seine Wahrnehmungen nachträglich auf.

Hinweis:

Zeitlimit: 5 Minuten.

Durchführung III:

Jedes Familien- / Gruppenmitglied liest JETZT vor, welche Aspekte es behalten hat.
Anschließend gibt der Coach / Trainer sein Protokoll bekannt.

Reflexion I:

— Wer hat Person X genau zugehört?
— Wer hat Person X genau verstanden?
— Welche Wahrnehmungsverzerrungen geschehen im Alltag?
— Warum schätzt du dein Kommunikationsverhalten überwiegend negativ ein?
— Warum schätzt du dein Kommunikationsverhalten überwiegend positiv ein?
— Wie fühlst du dich JETZT?
— Hast du über Person X auch so gedacht, wie er / sie sich selbst sieht?

- Wie siehst du Person X?
- Was kann Person X besonders gut?
- Welche Kommunikationsressourcen sollte Person X ausbauen?
- Was sollte Person X in ihrem Kommunikationsverhalten verbessern?
- Welche Gedanken und Gefühle der anderen bestärkten deine Meinung über dich als Person X?
- War dir der Zeitaspekt im ersten Durchgang zu lang?
- Welche Gefühle entstanden, als dir nichts mehr einfiel?

Modifikation:

Den Zeitaspekt verkürzen.
Wenn Peron X in der Mitte des Kreises sitzt bekommt er / sie die Augen verbunden.
Um die Wahrnehmung stärker auf den Aspekt des Hörens zu richten, bekommen die Zuhörer im ersten Durchgang die Augen verbunden.

Kreative Verschreibung:

Nachlese:
Schreibe alle Positivaspekte über dich selbst auf.
Erzähle anderen Menschen davon.

Notizen:

Knechtschaft

Aktives Zuhören / Ausdruck von Wut / Selbst-Exploration / Selbst- und Fremdwahrnehmung / Konfrontation / Unsicherheit / Ehrlichkeit

Material:

Tisch, Stuhl, Papier, Stifte

Durchführung I:

In meiner Familie fühle ICH mich als Knecht. Für alle möglichen Arbeiten und Aufgaben bin ICH zuständig.
Wie oft habe ICH schon versucht, auf meine Situation aufmerksam zu machen?
Doch es versteht mich keiner!

Durchführung II:

Die Person X aus der Familie / Gruppe, die sich emotional am stärksten angesprochen fühlt, setzt sich in die Mitte des Kreises.
Es wird ein Tisch in die Mitte gerückt, darauf kommt ein Stuhl.
Der Coach / Trainer setzt sich auf den erhöhten Platz, gegenüber von Person X.
Er nimmt stellvertretend für ein bestimmtes Familienmitglied / die anderen Familienmitglieder die Informationen, Beschimpfungen, Klagen usw. von Person X auf, die das subjektive Erleben als Knecht des Systems / der Familie ausmachen.

Durchführung III:

Der Coach / Trainer als aktiver und aufmerksamer Zuhörer nimmt die Botschaften stellvertretend für jeweils eine Person, d.h. Person Y entgegen.
Da meistens die Botschaften stark emotional gefärbt sind, wiederholt er dieselbe Botschaft sachlich und wertneutral.
Ist Person Y mit dieser „Übersetzung" einverstanden, soll er / sie es bejahen.
Die Botschaften bleiben erst einmal im Raum stehen.

Hinweis:

Ohne Zeitlimit.

Reflexion I:

— Wie lange fühlst du dich als Knecht in deiner Familie?
— Welche Gefühle sind JETZT in dir?
— Warum hast du diese Rolle angenommen?
— Wie kannst du die Rolle wieder ablegen?

- Auf welche Person bist du besonders wütend?
- Was hat dich an dieser Person so enttäuscht?
- Von welcher Person erwartest du Unterstützung?
- Wie soll das konkret aussehen?

Durchführung IV:

Der Coach / Trainer setzt sich wieder in die Runde.
Person X und Person Y stellen sich in die Mitte des Kreises.
Der Coach / Trainer fordert Person X auf, dem Gegenüber in die Augen zu schauen und ihm / ihr das Anliegen so sachlich und so konkret wie möglich zu benennen. Dabei den Blickkontakt halten.
Erst wenn Person X all die Aspekte genannt hat, darf Person Y konkrete Unterstützungsvorschläge machen.
Dabei soll Person Y sich nicht rechtfertigen oder erklären. (Das hat Person Y bereits in der Vergangenheit immer wieder getan.)
Person X darf anschließend Modifizierungsvorschläge der Angebote machen, damit eine gemeinsame Lösung konkretisiert und herbeigeführt wird.
Ist Person Y damit einverstanden, sagt er / sie laut okay.
Der Coach / Trainer schreibt die Arbeitsergebnisse mit Namensnennung an das Flip-Chart.

Reflexion II:

- Fühlst du dich verstanden?
- Fühlst du dich ernst genommen?
- Was möchtest du grundsätzlich verändern?
- Was wünscht du dir am meisten von den anderen Familien- / Gruppenmitgliedern?
- Was für ein inneres Bild hast du für die Zukunft deines „Familienunternehmens"?
- Wie wird deine Rolle demnächst aussehen?

Durchführung V:

Nachdem alle Familien- / Gruppenmitglieder im Fokus standen, schreibt JETZT jeder die für ihn wichtigsten Botschaften auf ein Blatt.

Modifikation:

Als Rollenspiel unter dem Titel: „Szenen einer Familie".
Die Botschaften pantomimisch darstellen.
Zwischen den Arbeitsblöcken die Gefühle malen und auswerten.

Kreative Verschreibung:

Male einen gebückten Knecht, dem du alle Lasten auf den Rücken malst oder schreibst.
Male anschließend einen Knecht bzw. ein vollwertiges Familienmitglied, das aufrecht steht und auf die sogenannten Lasten, die am Boden liegen, schaut.

Notizen:

Wünsche in Worte fassen

Erwartung / selbsterfüllende Prophezeiung / Selbstwahrnehmung

Material:
Fragebogen, Stifte, Schreibunterlage

Durchführung I:
Denke darüber nach, was du dir von einem bestimmten Familienmitglied wünschst.
Vermeide abstrakte Formulierungen und formuliere deine Bitte so konkret wie möglich. Betrachte die ausgewählte Person ganz genau und bedenke dabei, ob er / sie es im Rahmen seiner / ihrer Möglichkeiten auch umsetzen kann.

Name: _____

ICH wünsche mir von dir: _____

_____

_____

Zeitpunkt der Umsetzung: _____

Wo, wann und in welchem Zusammenhang soll es geschehen: _____

_____

_____

Welche unterstützenden Sachdinge könnten aus deiner Sicht benötigt werden:

_____

_____

Welche Familienmitglieder könnten das Vorhaben unterstützen: _____

_____

Gibt es noch andere Menschen, die als Hilfe herzugeholt werden könnten:___

_____

Durchführung II:

Jedes Mitglied der Familie / Gruppe überreicht den Fragebogen an die entsprechende Person.
Nachdem jeder seine an ihn adressierte Botschaft gelesen hat, werden die Inhalte bzw. Wünsche reihum veröffentlicht.

Durchführung III:

Sender und Empfänger der Botschaft setzen sich in die Mitte des Kreises und tauschen sich selbstreflektierend, analysierend und ergebnisorientiert aus.

Reflexion:

— Wie hast du dich anfangs gefühlt?
— Wie fühlst du dich JETZT?
— Welche Emotionen entstanden, als du deine Wünsche in Worte gefasst hast?
— Glaubst du, dass deine Wünsche im Alltag erfüllt werden?

Modifikation:

Die Botschaft mit der Post schicken.

Kreative Verschreibung:

Ermutigungsskala:
Stelle deine Erwartung bzw. Hoffnung auf einer Skala von 0 – 10 dar.
Überprüfe im Alltag immer wieder und schau wie dicht du dran bist.

Notizen:

Die Vergangenheit und die Gegenwart bestimmen die Zukunft I

Selbstachtung / Erwartung / selbsterfüllende Prophezeiung / Selbstwahrnehmung / alte Zöpfe abschneiden

Material:

Diese Seiten kopieren, Stifte, Schreibunterlage, DIN-A1-Blätter, Wachsmaler, verschiedenfarbige Edding-Stifte

Durchführung I:

Der Mensch erkennt sich als Mensch durch das Gewahrsein seiner Selbst. Es ist die Fähigkeit, eine Identität (Identität / Identitätsbildung / -findung / -wechsel) im Verlauf des Lebens (geschieht prozesshaft, Gene, Sozialisation, Herausforderungen, Chancen) zu entwickeln und ihr einen Wert (subjektiv) beizumessen. Du bestimmst dich bzw. definierst dich als Person, d.h. beurteilst dich selbst. Ohne ein gewisses Maß an Selbstachtung ist ein psychisches Überleben undenkbar.

Hinweis:

Während der Übung wird nicht gesprochen!
Diese umfangreiche Übung kann in mehrere Einheiten eingeteilt werden!

Durchführung II:

Schließe deine Augen. Stell dir einen großen Spiegel vor. Betrachte dich stehend, sitzend in diesem großen Spiegel. Schau dich genau an!

Selbstreflexion I:

Betrachte zunächst deine äußere Erscheinung:
— Was siehst du?
— Wie siehst du dich an?
— Was entdeckst du zuerst?
— Wie siehst du in deiner Kleidung aus?
— Wie gefällst du dir?
— Trägst du deine Lieblingsfarben?
— Welche Schuhe trägst du?
— Wie sitzt deine Frisur?
— Gefällt dir deine Haarfarbe?
— Wie steht es um deine Figur?
— Wie ist deine Körperhaltung?

- Stehst du mit beiden Beinen fest auf dem Boden?
- Schau dir ins Gesicht. ICH sieht ICH!
- Betrachte deine Lachfalten.
- Betrachte deine Sorgenfalten.
- Bist du mit dir zufrieden?

Selbstreflexion II:

Lenke JETZT deine ganze Aufmerksamkeit auf deinen Innenraum.
- Was entdeckst du zuerst?
- Welche Stärken siehst du in dir?
- Welche Schwächen siehst du in dir?
- Wie stehst du im Leben?
- Wie sieht es JETZT in deiner Seele aus?
- Siehst du deine seelischen Verletzungen?
- Woran krankt deine Seele?
- Worüber würde sich JETZT deine Seele freuen?

Selbstreflexion III:

Lenke JETZT deine ganze Aufmerksamkeit auf deine familiären Beziehungen.
- Wie ist dein Verhältnis zu deinem Partner / Partnerin?
- Wie ist dein Verhältnis zu deinem Kind / deinen Kindern?
- Wo liegen die Unterschiede?
- Wie sehen die Beziehungen zu jedem Familienmitglied aus?
- Betrachte das gesamte Beziehungsgeflecht aus der Vogelperspektive!
- Wer hat welche Rollen und warum?
- Was sollte aus deiner Sicht verändert werden?
- Wer hat wodurch einen Gewinn?
- Wie profitiert die ganze Familie davon?
- Welche Stellung hast du in der Familie?
- Welche Macht hast du in der Familie?

Selbstreflexion IV:

Lenke JETZT deine ganze Aufmerksamkeit auf deine Ursprungsfamilie.
- Wie gestaltet sich deine Beziehung zu deinem leiblichen / Pflege- / Adoptiv-Vater?
- Wie gestaltet sich deine Beziehung zu deiner leiblichen / Pflege- / Adoptiv-Mutter?
- Wie gestaltet sich deine Beziehung zu deinen Geschwistern?
- Welche Rolle lebst du heute noch?

— Willst du diese Rolle noch weiter leben?
— Was möchtest du verändern und warum?

Selbstreflexion V:

Lenke JETZT deine ganze Aufmerksamkeit auf deinen Job / Ausbildung / Schule.
— Welche Funktion hast du im Job / Ausbildung / Schule?
— Wie steht es um deine Macht in der Firma / Schule?
— Welche Rollen lebst du?
— Wie willst du in Zukunft mit Fremdbestimmung umgehen?

Durchführung III:

Nachdem jedes Mitglied seine Selbstreflexionsfragen bearbeitet hat, sollen persönlich wichtige Schlüsselbegriffe unterstrichen oder hervorgehoben werden.

Durchführung IV:

JETZT soll sich jeder Teilnehmer selbst und die ihm wichtigsten Familien- / Gruppenmitglieder auf ein gesondertes großes Blatt malen.
Wer will, kann seine Gedanken und Gefühle in Stichpunkten hierzu an den Rand oder auf ein gesondertes Blatt aufschreiben.

Hinweis:

Sorge gut für dich selbst! – Deine Familie braucht dich! – Deine Firma / Schule braucht dich! – Andere Menschen brauchen dich!

Durchführung V:

Eine freiwillige Person legt ihr Bild in die Mitte des Kreises und erklärt sich anhand der eigenen Aufzeichnungen selbst.
Erst wenn die im Fokus stehende Person mit der Selbstbeschreibung und der Beschreibung der anderen Mitglieder abgeschlossen hat, dürfen die anderen Teilnehmer ihre Wahrnehmungen auf dem Hintergrund durchleuchteter Reflexionsfragen widerspiegeln.

Modifikation:

Durchführung ohne Malaktion.
Mit wenigen Reflexionsschritten durchführen.

Kreative Verschreibung:

Male deine Zukunft:
Wie, wo und mit wem möchtest du in 5 Jahren leben?
Wie, wo und mit wem möchtest du in 10 Jahren leben?
Wie, wo und mit wem möchtest du in 15 Jahren leben?

Notizen:

Familien- / Gruppenübungen

Die Vergangenheit und die Gegenwart bestimmen die Zukunft II
Vom IST-Zustand zum SOLL-Zustand (Folgeübung)

Selbstachtung / Erwartung / selbsterfüllende Prophezeiung / Selbstwahrnehmung / alte Zöpfe abschneiden

Material:

Stifte, DIN-A1-Blätter, Wachsmaler, verschiedenfarbige Edding-Stifte

Durchführung I:

Schließe deine Augen!
Stell dir JETZT vor, wie du sein willst!

Reflexion I:

— Welche Art der Kleidung trägst du JETZT?
— Welche Farben trägst du JETZT?
— Welche Schuhe trägst du JETZT?
— Welche Frisur trägst du JETZT?
— Welche Figur hast du JETZT?
— Welche Hautfarbe hast du JETZT?
— Wie ist deine Körperhaltung JETZT?
— Welche Sprache spricht dein Körper JETZT?
— Was für ein Gesicht siehst du JETZT?
— Wie bist du JETZT geschminkt?
— Welche Lachfalten siehst du JETZT?
— Welche Sorgenfalten siehst du JETZT noch?

Durchführung II:

Öffne JETZT deine Augen!
Suche dir einen Ort, an dem du dich wohlfühlst.
Male dich JETZT so, wie du dich gerade wahrgenommen hast. Protokolliere in Stichpunkten deine Gedanken und Gefühle am Rand oder auf der Rückseite des Blattes.

Durchführung III:

Eine freiwillige Person legt ihr Bild in die Mitte des Kreises und beschreibt sich JETZT. Der Coach / Trainer stellt u.a. folgende Reflexionsfragen.

Reflexion II:
- Wie hast du dich in der Folgeübung gefühlt?
- Was war anders?
- Was war das Positive?
- Glaubst du, dass du während dieser Übung gelächelt hast?
- Warst du entspannter?
- Warst du freudig erregt?
- Hast du dich als kreativ empfunden?
- Welche Ressourcen hast du entdeckt?
- Magst du dich?
- Liebst du dich?
- Welche äußeren Merkmale möchtest du JETZT erweitern?
- Welche inneren Eigenschaften willst du JETZT weiterentwickeln?
- Wie wird dein Verhalten in Zukunft sein?
- Was sollen deine Familien- / Gruppenmitglieder an dir schätzen?
- Glaubst du, dass sich deine Wunschvorstellungen mit den Wünschen der anderen Mitglieder decken?

Zum Abschluss eine Bemerkung des Coaches / Trainers:
Grundsätzlich besitzt jeder Mensch Selbstachtung. Durch innere und äußere Lebensumstände kann es vorkommen, dass du den Kontakt zu dir selbst verloren hast.
Wichtig ist, dass du deine Selbstachtung wie einen verlorenen Schatz wiedergefunden hast.
Es ist wie das Wolkenspiel, welches du am Himmel beobachten kannst. Oftmals scheint die Sonne. Doch es gibt dunkle Wolken. Sie kommen und gehen, ziehen vorüber. Dahinter scheint oftmals die Sonne, manchmal bricht sie hervor.
Du musst sie auch sehen wollen.

Modifikation:

Die Familien- / Gruppenmitglieder halten schriftlich die wichtigen Erkenntnisse fest.

Kreative Verschreibung:

Schreibe an ein Familien- / Gruppenmitglied eine Ermutigungskarte.

Notizen:

Familien- / Gruppenübungen

Das geschminkte Tier

Wünsche / Erwartungen / Hoffnungen / Sehnsüchte / selbsterfüllende Prophezeiung / Selbst- und Fremdwahrnehmung / Verhaltensbeobachtung / verbale und nonverbale Übung

Material:

Schminkutensilien, Niveacreme, Abschminktücher, Kleenex-Box, Kajalstifte, Eyeliner, Lippenstifte etc., Papierkorb, große Handspiegel, Kunststoffboxen

Hinweis:

Während der Durchführung I-III wird nicht gesprochen!

Durchführung I:

Jedes Familien- / Gruppenmitglied stellt sich vor, es wäre ein Tier. Es soll ein Tier sein, welches zum Charakter passt.

Hinweis:

Zeitaspekt für Durchführung II: 30 Minuten.

Durchführung II:

Jedes Mitglied der Familie / Gruppe nimmt eine Kunststoffbox, den Handspiegel und bestückt sie mit ausreichenden Schminkutensilien.

Hinweis:

Zeitaspekt für Durchführung III: 10 Minuten.

Durchführung III:

Alle Mitglieder bilden einen großen Stuhlkreis. Ein freiwilliges „Tier" darf sich animalisch verhalten. D.h. er / sie darf sich stellen, legen, hocken, schleichen, springen usw. innerhalb des Kreises.
Die anderen „Tiere" beobachten das Verhalten.

Hinweis:

Verbalteil!

Durchführung IV:

Das sich im Mittelpunkt befindende „Tier" setzt sich auf seinen Platz und berichtet über seine Gefühle.

Durchführung V:

Die beobachtenden „Tiere" äußern zunächst ihre Beobachtungen, anschließend ihre Empfindungen.

Reflexion I:

— Wie hast du dich im Mittelpunkt gefühlt?
— Kam dir die Zeit lang vor?
— Wo wärst du in der Situation lieber gewesen?
— Welches „Tier" warst du im Dort und Dann?
— Wie kamst du in der Rolle des „Tieres" zurecht?
— Welches „Tier" bist du im HIER und JETZT?
— Welche Charaktereigenschaften hast du?
— Was ist das Besondere an diesem „Tier"?
— Weshalb findest du dieses „Tier" schön, stark, mutig?
— Welche „Beute" jagst du gerne?
— Warum bist du gefährlich?
— Warum bist du ängstlich?
— Warum bist du scheu?
— Warum bist du unsicher?
— Warum bist du verletzlich?
— Welches „Tier" / „Tiere" hast du manchmal im Alltag im „Tank"?
— Welche „Tiere" hättest du gerne in deinem „Zoo"?

Modifikation:

Tiermaskenköpfe verwenden.
Im nonverbalen Teil Musik einspielen.

Kreative Verschreibung:

Welches Tier wärst du in Wirklichkeit am liebsten?
Warum?
Begründe es schriftlich!

Notizen:

Probleme in der Familie?

Angst / Aggression / Verunsicherung / Schweigen / Vermeidung / Tabuthemen / Selbst- und Fremdwahrnehmung

Material:

DIN-A3-Blätter, Eddings, Bleistifte, Buntstifte, Filzstifte, Radierer, Anspitzer, Papierkorb

Hinweis:

Durchführung I und II und III sind nonverbale Übungen.
Zeitaspekt: Durchführung I: 15 Minuten.

Durchführung I:

Jedes Familien- / Gruppenmitglied sucht sich seine Malutensilien und einen Partner aus.
Das Paar sucht sich – ohne Worte – einen Arbeitsplatz.
Beide Familienmitglieder / Gruppenmitglieder verwenden immer nur einen Stift gemeinsam, ohne sich abzusprechen. Dabei kann mal der Eine, mal der Andere den Stift oben oder unten halten.
Der Coach / Trainer bietet folgende Themen zur Auswahl an:

— Krankheiten (chronische Krankheitsverläufe, Krebs, Diabetes, Skoliose, Herzinfarkt usw.)
— Finanzprobleme
— Eheprobleme
— Aggressivität
— Drogen-, Alkohohlprobleme
— Ängste
— Kommunikationsschwierigkeiten
— Arbeitslosigkeit

Hinweis:

Zeitaspekt: 45 Minuten.

Durchführung II:

Jedes Familien- / Gruppenmitglied überlegt sich in Ruhe, welches Problem das größte in der Familie ist.

Durchführung III:

Versucht JETZT mit einem Stift in der Hand, das größte Familien- / Gruppenproblem zu malen, zeichnen, skizzieren.

Reflexion I:

— Wie kam die Einigung über das gemeinsame Problem zustande?
— Was war besonders schwierig?
— Hat es Schwierigkeiten bereitet, gerade mit Person X das Problem Nr. 1 zu bearbeiten?
— Wann und wie kam der Zeitpunkt, das gleiche Thema gefunden zu haben?
— Hattest du Angst oder Sorge, das heikle Problem auf das Papier zu bekommen?
— Wie hast du dich währenddessen gefühlt?
— Wie war die Kooperation?
— Ab wann klappte es besser?
— Lag dir das Problem schon lange auf dem Herzen?
— Sind während des Malens Lösungsideen entstanden?
— Konntet ihr gemeinsam eine Lösung entwickeln?
— Hast du JETZT Lösungsideen?

Durchführung IV:

Diskussion über das gemeinsame Familien- / Gruppenproblem. Der Coach / Trainer sammelt und schreibt die wichtigsten gemeinsam entwickelten Ergebnisse an das Flip-Chart.

Durchführung V:

Auswertung und Zusammenfassung durch den Coach / Trainer hinsichtlich der fixierten Ergebnisse.

Reflexion II:

— Wie können Lösungsstrategien entwickelt werden?
— Wie soll in Zukunft über dieses Thema kommuniziert werden?
— Wer übernimmt welche Aufgaben?
— Wer übernimmt die Hauptverantwortung?
— Müssen weitere „Experten" hinzugeholt werden?
— Wer informiert sich?
— Welche Gefühle sind JETZT vorhanden?
Wie sieht der nächste gemeinsame Schritt aus?

Modifikation:

In Einzelarbeit schriftlich entwickeln lassen.
In Einzelarbeit malen, zeichnen, skizzieren lassen.

Kreative Verschreibung:

Entwerfe schriftliche Verhaltensanweisungen zur Überwindung des familiären Problems und der daraus sich entwickelnden Konsequenzen.

Notizen:

Familie – Ort der Begegnung – Ort der Kommunikation

Ressourcen / Empathie / Hoffnungen / Selbstwahrnehmung / verbale und nonverbale Übung

Material:

Kunststoffbox, Karteikarten, Stifte, Tesakrepp

Hinweis:

Während der Durchführung I-III wird nicht gesprochen!
Zeitaspekt für Durchführung I: 30 Minuten.

Durchführung I:

Jedes Familien- / Gruppenmitglied überlegt sich, welche positiven Botschaften der Familie / Gruppe gut tun würden.
Es genügen Schlüsselbegriffe oder kurze Statements, die jeweils auf eine Karteikarte geschrieben werden. Die beschrifteten Karteikarten werden in die Box geworfen.

Durchführung II:

Der Coach / Trainer mischt die Karteikarten. Er oder ein Familien- / Gruppenmitglied heftet die Karten an die Wand / Tür.

Reflexion I:

— Wo gibt es Übereinstimmungen?
— Ist die Fülle der Botschaften überraschend?
— Welche Aussage trifft mitten ins Schwarze?
— Welche Botschaft ist die wichtigste Botschaft für unsere Familie / Gruppe?
— Gibt es formulierte Wünsche, Hoffnungen, Erwartungen, Sehnsüchte?
— Sind die Wünsche, Hoffnungen etc. groß?
— Sind sie zu hoch gesteckt?
— Wie können sie gelebt werden?
— Was sollte dabei besonders beachtet werden.
— Welche lebenswerte Botschaft soll für eine Woche unsere gemeinsame Kernbotschaft sein?
— Wer hängt wo diese Botschaft auf?
— Wie wollen die anderen Mitglieder mit dieser Aussage umgehen?

Durchführung III:

Der Coach / Trainer sortiert die Karteikarten, sodass ähnliche Botschaften gebündelt zu sehen sind.

Durchführung IV:

Diskussion und Lösungsentwicklung, wie die positive Botschaft als „Aufrichter" für jedes Familienmitglied / Gruppenmitglied als „Begleiter" Verwendung finden kann.

Modifikation:

Der Coach / Trainer hat verschiedene Motivkarten, die zur Auswahl auf dem Tisch liegen. Alle Teilnehmer gehen auf Los zum Tisch und suchen sich eine Karte, die jeweils nur einmal vorhanden ist, aus. Die Rückseite soll beschriftet werden.
Die Übung mit Entspannungsmusik durchführen.

Kreative Verschreibung:

Die Familien- / Gruppenmitglieder sollen die Botschaften von den Karteikarten abschreiben.
Für die nächste Woche soll jeder seine ihm bedeutungsvollste Botschaft auf eine Karte schreiben. Dazu ein schönes Motiv malen, zeichnen, skizzieren.

Hinweis:

Nächste Woche wird gemeinsam der neue „Wochenbegleiter" ausgewählt.

Notizen:

Familien- / Gruppenübungen

Das Familienhaus

Selbsterfüllende Prophezeiung / Selbst- und Fremdwahrnehmung / Wünsche / Erwartungen / Hoffnungen / Sehnsüchte / verbale und nonverbale Übung

Material:

Metaplanpapier, Eddings, Bleistifte, Buntstifte, Filzstifte, Radierer, Anspitzer, Wachsmalkreiden, Papierkorb

Hinweis:

Während der Durchführung I-III wird nicht gesprochen!
Zeitaspekt: 60 Minuten.

Durchführung I:

Ein großes wunderschönes Haus für die ganze Familie.
Jedes Familienmitglied hat seine eigenen Räume. In jedem Raum gibt es Türen und Fenster.
Vertraute Räume sind genauso notwendig wie Gemeinschaftsräume. Im Haus werden immer wieder Türen und Fenster geöffnet und geschlossen.
Meistens öffnen Vater und Mutter die Fenster öfters zum „lüften" als die Kinder.
Frische Luft bzw. Luftaustausch ist wichtig und für jeden Menschen notwendig.
Dieser Handlungsakt gehört zum Alltagshandeln.
Trotz des Lüftens gibt es auch „dicke Luft" durch Spannungen, Probleme, Belastungen, die zum Leben gehören.
Wichtig ist, dass Türen und Fenster von Betroffenen geöffnet werden. Manchmal sind es auch andere Mitglieder aus der Familie, die Verantwortung übernehmen und Hilfe anbieten, indem sie „Tür- / Fensteröffner" sind. Damit Kommunikation gelingen kann, ist es erforderlich, dass Räume, d.h. innere Räume geöffnet werden.
Eigene Räume und die Räume der anderen Familienmitglieder zu öffnen, gelingt uns auf natürliche Weise, wenn wir authentisch leben. Dabei dem Gegenüber respektvoll und ehrlich begegnen und ihm aufmerksam und einfühlsam zuhören.
Durch positive Worte lassen sich innere und äußere Fenster leichter öffnen.

Durchführung II:

„Unter jedem Dach gibt es ein Ach".
Verschiedene Probleme können eine ganze Familie nicht nur beschäftigen, sondern auch stark belasten.
Jedes Mitglied der Familie / Gruppe nimmt Papier und Stifte, sucht sich einen Raum der Ruhe.

Zunächst zeichnet jeder ein Haus. In diesem Haus sollen so viele Fenster, d.h. „Kommunikationsfenster" vorhanden sein, wie er / sie glaubt, dass sie sinnvoll wären. Im Anschluss an die Malaktion sollen die Räume bzw. Fenster mit Problembeschreibungen versehen werden.

Durchführung III:

Im Anschluss daran wird auf der Rückseite das gleiche Haus noch einmal aufgezeichnet. JETZT werden die „Problemfenster" mit eigenen Lösungsideen versehen bzw. beschriftet.

Reflexion I:

— Entstand zunächst eine Drucksituation?
— Waren sofort negative Gedanken vorhanden?
— War dir direkt ein Kernproblem bewusst?
— Wie hast du dich gefühlt?
— Welche Schwierigkeiten und Probleme schleppst du schon lange mit dir herum?
— Warum konntest du sie noch nicht ansprechen?
— Fühltest du dich hilflos?
— Wie lange leidest du schon darunter?
— Wie bist du bisher im Alltag mit diesem Druck umgegangen?
— Bist du froh, dass du dich öffnen konntest?
— Hast du bereits Lösungsversuche unternommen?
— Welche Hilfesignale hast du an die Familie / Gruppe gesendet?
— Hast du schon mal externe Hilfe in Anspruch genommen?

Reflexion II:

— Welche Lösungsideen sind dir eingefallen?
— Welche Idee war die erste?
— Welche Idee lässt sich aus deiner Sicht am ehesten realisieren?
— Welche Schritte hast du bisher ansatzweise versucht?
— Wer aus der Familie / Gruppe kann dir dabei helfen?
— Wer soll dich sonst noch unterstützen?
— Wie fühlst du dich JETZT?
— Kannst du deinen Hilfeanspruch noch einmal klar und deutlich für alle formulieren?

Modifikation:

Alle Familien- / Gruppenmitglieder zeichnen ohne zu sprechen gemeinsam ein Haus auf ein großes Blatt. Jeder zeichnet für seinen Raum nur ein Fenster bzw. Problemfenster ein.
Im nonverbalen Teil Hardrock relativ laut einspielen.

Familien- / Gruppenübungen

Kreative Verschreibung:

Jedes Mitglied malt für sich allein ein Haus. Für jede Person, die im Haushalt lebt, wird ein Raum bzw. Fenster mit Namen eingezeichnet.
Es sollen Vermutungen über individuelle Kernkompetenzen eines jeden Familien- / Gruppenmitgliedes in die entsprechenden Fenster geschrieben werden.
Beim nächsten Treffen wird gemeinsam darüber reflektiert, analysiert und diskutiert, inwieweit die eigenen Vermutungen zutreffen.

Notizen:

Das Familienwappen

Erwartung / Sensibilität / Selbstwahrnehmung

Material:
Metaplanpapier, Eddings, Stabilo Point, Bleistifte, Radierer, Anspitzer

Hinweis: ohne Zeitlimit!

Durchführung I:
Es gibt Familienmitglieder, die Ahnenforschung betreiben. Manch einer entdeckt dabei ein Familienwappen.

Durchführung II:
Die Familie / Gruppe bespricht die gesellschaftlichen Positionen der Kleinfamilie / Großfamilie und der Herkunftsfamilien. Es wird über Entwicklungen, Verläufe und berufliche Positionen von der Vergangenheit bis zur Gegenwart reflektiert. Dabei sollen die speziellen Besonderheiten der Familien und ihrer Mitglieder in einem Wappen dargestellt werden.

1. Schritt: Die Familie / Gruppe klärt, wer den ersten Entwurf skizziert.
2. Schritt: Diskussion und Möglichkeiten der Veränderungen klären.
3. Schritt: Korrekturen vornehmen.
4. Schritt: Konturen zeichnen.
5. Schritt: Ausmalen.
6. Schritt: Aufhängen.

Reflexion I:
— Wie sieht das Gesamtergebnis aus?
— Welche Familie wurde besonders hervorgehoben?
— Was zeichnet diese Familie aus?
— Welche Person der Kernfamilie kann sich gut mit speziellen Anteilen des Wappens identifizieren?
— Was sind die konkreten Inhalte?
— Zu welchen Familien gibt es klare Abgrenzungen?
— Gibt es in diesen Familien ein besonders nettes Mitglied?
— Was zeichnet ihn / sie aus?
— Zu welchen Familien herrscht eine starke Nähe?
— Was verbindet?
— Was soll mit dem Wappen geschehen?

Modifikation:

Als nonverbale Übung durchführen.

Kreative Verschreibung:

Jedes Familien- / Gruppenmitglied zeichnet für sich ein Wappen auf DINA-4-Papier.
Das Wappen wird in zwei Hälften, in Plus und Minus aufgeteilt.
Alle bewusst wahrgenommenen Familienmitglieder, auch die inzwischen verstorbenen Personen, sollen graphisch / symbolisch in die Plus- oder Minushälfte eingezeichnet werden.

Notizen:

Trauminsel

Selbst- und Fremdwahrnehmung / Einschätzung / Menschenkenntnis

Material:

Metaplanpapier, DIN-A4-Blätter, Eddings, Stabilo Point, Blei- und Buntstifte, Radierer, Anspitzer, Wachsmaler, Papierkorb

Hinweis:

Durchführung I und II nonverbale Übung.
Zeitaspekt für Durchführung I: 45 Minuten.

Durchführung I:

Stellt euch vor, ihr würdet als Familie / Gruppe auf einer Insel leben. Aufgrund ausreichender finanzieller Mittel könnt ihr es euch so einrichten bzw. gestalten und bauen, wie ihr es euch träumt. Zeichnet, skizziert, schreibt gemeinsam auf Metaplanpapier.
Jedes Mitglied hat JETZT die Freiheit, seine Lebensträume zu entwickeln.
Er / sie kann entscheiden, welche Personen und Tiere noch auf der Insel leben sollen. Zudem können Häuser, Pflanzen, Autos usw. hinzugefügt werden.

Hinweis:

Zeitaspekt für Durchführung II: 20 Minuten.

Durchführung II:

Jedes Mitglied überlegt und schreibt auf, was es mit wem hier auf der Insel erkunden, unternehmen, bauen und gestalten möchte.

Reflexion I:

— Wer konnte sich aus seiner Sicht „gut" einbringen?
— Welche Gefühle entstanden dabei?
— Wer fühlte sich blockiert, eingeschränkt?
— Welche Gedanken und Gefühle waren in dir?
— Was erlebst du positiv an dieser Übung?
— Welche kreativen Ideen waren für dich neu?
— Hattest du bereits früher ähnliche Wünsche für die Familie?
— Bist du über eine bestimmte Person erstaunt?
— Fühltest du dich als „Zusammenarbeiter"?
— Seid ihr als Familie / Gruppe ein Team?
— Worüber bist du besonders erfreut?

Reflexion II:

— Welche kreativen Ansätze könntest du dir im Alltag für deine Familie / Gruppe vorstellen?
— Wie könnten Aspekte weiterentwickelt werden?
— Welche Voraussetzungen müssen geschaffen werden?
— Wer kann wen am besten unterstützen?
— Auf was muss in der Zusammenarbeit geachtet werden?
— Wer übernimmt konkret welche Anteile?

Modifikation:

Als verbale Übung durchführen. Die Entwicklung und Gestaltung der Insel und ihrer Bewohner wird im Vorfeld und während des Malens kommuniziert.
Nonverbale Übung mit Musik durchführen.

Kreative Verschreibung:

Jedes Mitglied reflektiert über die Frage, was tut meiner Familie / Gruppe gut. Welche Erfahrungen können wir aus der Übung teilweise in den Alltag / in das freie Wochenende übernehmen?
Auch: Welche realistischen Ideen habe ich als Wünsche für meine Familie / Gruppe?
Bitte aufschreiben und zur nächsten Sitzung mitbringen!

Notizen:

Lieblingsblumen

Selbstdarstellung / Selbstwert / Selbst- und Fremdwahrnehmung / nonverbale Übung

Material:

Weißer Fotokarton, Wachsmaler, Bleistifte, Eddings, Stabilo Point, Tesafilm

Durchführung I:

Je nach Größe der Familie werden die Pappen aneinander gelegt und mit Tesafilm zusammengeklebt. Die große Pappe wird umgedreht.

Hinweis:

Durchführung II-IV: Nonverbal.

Durchführung II:

Jedes Familien- / Gruppenmitglied malt großflächig und farbig seine persönliche Lieblingsblume auf und schreibt seinen Namen dazu.

Hinweis:

Zeitaspekt zum Überlegen: 5-10 Minuten.
Der Coach / Trainer gibt das Startsignal.

Durchführung III:

Die Mitglieder stellen sich um die große Pappe. Jeder überlegt, wem er positive Charaktereigenschaften in die Blüte ggf. auch in die Blätter schreiben will.

Durchführung IV:

Die positive Beschriftung erfolgt. Ggf. kann die Blume noch gestalterisch „veredelt" werden.

Reflexion I:

— Ist es dir gelungen, die Person bzw. die Blume mit positiven Inhalten zu versehen, die du dir zuvor ausgesucht hast?
— Wer kam dir zuvor?
— Warst du enttäuscht, dass du nicht so schnell warst?
— Welche Emotionen entstanden?
— Wie bist du mit deiner Enttäuschung umgegangen?

— Wie bist du anschließend in der Beschreibung mit der anderen Person zurechtgekommen?
— Welche Charaktereigenschaft ist dir zuerst eingefallen?

Reflexion II:

— Treffen die positiven Beschreibungen auf dich zu?
— Wie geht es dir damit?
— Bist du über die Beschreibung von Person X erfreut?
— Wie hättest du dich selbst beschrieben?
— Welche Aspekte hast du bisher nicht so gesehen?
— Was ist deiner Meinung nach falsch?
— Gibt es dennoch Ansätze davon in dir?
— Was möchtest du noch hinzufügen?

Modifikation:

Die Kinder malen und beschreiben die Eltern. Die Eltern malen und beschreiben die Kinder.
Einsatz von Musik.
Gemeinsam wird ein bunter Blumenstrauß erstellt. D.h. eine Person malt den kompletten Blumenstrauß und zwar für jede Person eine Blume.
Jeder hat die Möglichkeit, positive Aspekte in viele Blumen hineinzuschreiben.

Kreative Verschreibung:

Als Folgeübung für die nächste Sitzung „Sag es durch die Blume".
Jedes Familien- / Gruppenmitglied überlegt in einer stillen Stunde, welches Charaktermerkmal an dem anderen und bei sich selbst nicht gefällt.
Das Aufmalen und Beschreiben erfolgt für jede Person auf einem DINA-4-Blatt.
Diese „Blumen" werden auf dem Hintergrund der positiven Beschreibungen analysiert, reflektiert und diskutiert.
Ziel soll sein: Reduktion und Eliminierung negativer Merkmale unter besonderer Berücksichtigung gemeinsam gelebter Normen und Werte.

Notizen:

Lerne dich selbst gut kennen!

Selbstkenntnis / ICH-Stärke / Selbstwahrnehmung / Kreativität / Sensibilität

Material:

Fragebogen, Stifte, Schreibunterlage

Durchführung I:

In dir stecken mehr Möglichkeiten, als du dir selbst zutraust!
Die Familie / Gruppe bleibt im Plenum. Jeder bearbeitet seinen Fragebogen.

Hinweis:

Zeitaspekt: 15 Minuten.

Fragebogen:

Entdecke an dir, das:

— Besondere
— Herausragende
— Einmalige
— Kreative
— usw.

Was begeistert dich an deiner Person?

___
___
___

Wie und wodurch begeisterst du andere Menschen?

___
___
___

Welche Botschaften melden dir andere Menschen zurück?

___
___
___

Wie begeisterst du deine Familie?

___

Welche Qualitäten investierst du in deine Familie?

___

Welche Personen profitieren davon?

___

Reflexion:

- Wie hast du dich in der Situation, als du dich vorgestellt hast, gefühlt?
- Welche Emotionen entstanden, als du deine positiven Merkmale beschrieben hast?
- Waren dir manche Beschreibungen peinlich?
- Konntest du manche Fragen schlecht beantworten?
- Glaubst du, dass du deine wichtigsten Besonderheiten erwähnt hast?
- Was möchtest du ergänzen?
- Glaubst du, deine Familie / Gruppe wusste von deinen Qualitäten?
- Welche Person kennt dich am besten?
- Wurde HEUTE so manch eine Wahrheit zum ersten Mal genannt?
- Wie steht es JETZT um deinen Selbstwert?

Modifikation:

Jedes Mitglied beschreibt ein anderes Familien- / Gruppenmitglied.

Kreative Verschreibung:

Beschreibe anhand des Fragebogens jedes Familien- / Gruppenmitglied.

Notizen:

High-light

Freude / gemeinsames Erleben / Selbst- und Fremdwahrnehmung / Identität / Kreativität

Material:
- DIN-A4-Blätter, Metaplanpapier, Kugelschreiber, Stabilo point, Blei- und Buntstifte, Radierer, Anspitzer, Wachsmaler, Pastellkreiden, Eddings

Hinweis:
Nonverbale Übung. Zeitaspekt: 20 Minuten.

Durchführung:
Was war für dich das größte high-light in deiner Familie?

Fixiere es und gestalte es kreativ auf einem Blatt.
Höre in dich hinein und lass dich von deinen inneren Bildern leiten.
Jedes Familien- / Gruppenmitglied sucht sich einen Ort seiner Wahl.

Reflexion:
- Ist dir dein größtes high-light sofort eingefallen?
- Was war daran so außergewöhnlich, so einmalig?
- Wenn du es heute visualisierst, welche Gefühle gehen damit einher?
- Welche Gedanken und Gefühle sind die stärksten?
- Wie fühlst du JETZT emotional?
- Wie fühlst du dich JETZT körperlich?
- Denkst du manchmal im Alltag daran?
- Warum nicht?
- Was willst du damit vermeiden, verhindern?
- Welchen Vorteil birgt es in sich, wenn du dein high-light visualisierst?
- Was leitest du daraus ab?
- Wie sieht heute der Rest deines Tages aus?

Modifikation:
Die 3 größten high-lights benennen bzw. gestalten, fixieren.

Kreative Verschreibung:
„Vergesse nie: Das Leben ist eine Herrlichkeit." Rainer Maria Rilke
Unter diesem Statement schreibe weitere high lights auf, die du gerne mit der Familie / Gruppe erleben möchtest.

Notizen:

Familie in Tieren

Identifikation / Selbst- und Fremdwahrnehmung / Kreativität / Ängste / Blockaden

Material:

Schreibunterlage, DIN-A4-Blätter, Blei- und Buntstifte, Radierer, Anspitzer

Durchführung:

Stell dir vor: Du kannst deine Familie / Gruppe in Tiere verzaubern.
Welchem Mitglied würdest du welches Tier zuordnen?
Mit welchem Tier identifizierst du dich?

Hinweis:

Unterteile zuvor dein Blatt in zwei Hälften. Schreibe auf die eine Hälfte ein Plus, auf die andere ein Minus.
Beschreibe die Besonderheiten, Merkmale, Eigenschaften von jedem Tier.

Reflexion:

— Warum hast du dich für dieses Tier entschieden?
— Was waren deine ersten gefühlsmäßigen Reaktionen bei dieser Übung?
— Was sind die Stärken?
— Was sind die Schwächen?
— Welcher Aspekt ist für dich besonders wichtig?
— Ist dieser Gedanke weiter ausbaufähig?
— Welchen Aspekt möchtest du eliminieren?
— Wünschst du Veränderung im positiven Bereich aufgrund deiner Rolle und Funktion?
— Wünschst du Veränderung im negativen Bereich, weil du:
— darunter leidest,
— Peinlichkeiten wahrnimmst,
— unter einem Schwachpunkt leidest,
— fremdbestimmt lebst,
— überlastet bist?
— Welche Konsequenzen wirst du daraus ziehen?
— Wie fühlst du dich JETZT?
— Vor welchen Tieren hast du Angst?
— Warum und weshalb?
— Wer sind die anderen Tiere?

— Welchen Personen schreibst du diese Tiere zu?
— Welches Tier magst du überhaupt nicht?
— Welches Tier willst du austauschen?
— Wie kann das konkret geschehen?

Modifikation:

Die Übung als Familie in Tieren malen.

Kreative Verschreibung:

Frage dich:
Wer in der Familie / Gruppe ist das gefährlichste Tier?
Was muss ich beachten, damit dieses Tier für mich nicht gefährlich wird?
Wer in der Familie / Gruppe ist das freundlichste Tier?
Was muss ich tun, um mit diesem Tier kuscheln zu können?

Notizen:

Achtung:

Übungen ausschließlich für erfahrene Coaches / Trainer!

Falsche Glaubensüberzeugungen!

Angst / Aggression / Verunsicherung / Tabuthemen / Selbst- und Fremdwahrnehmung

Material:

DIN-A4-Blätter, Stifte

Hinweis:

Durchführung I als nonverbale Übung durchführen.

Durchführung I:

Wann immer du glaubst, das Problem liegt „da draußen" bzw. es hat mein Partner oder mein Kind, so ist dieser Gedanke das Problem.
Wenn du nörgelst, anschuldigst, kritisierst, vorwurfsvoll in deiner Haltung bist, bestätigst du nur deine eigene Schwäche. Deine Möglichkeit einer positiven Einflussnahme reduziert sich, verkümmert und stirbt ab.
Sind dir folgende Äußerungen bekannt?

— wenn ich einen geduldigeren Partner hätte …
— wenn ich gehorsame Kinder hätte …
— wenn mich meine Familie verstehen könnte …
— wenn mich mein Partner richtig lieben würde …
— wenn ich meine Ziel erreicht hätte …
— usw.

wäre ich ein glücklicher Mensch.

Durchführung II:

Suche dir einen Ort der Ruhe und schreibe alle bislang gelebten negativen Überzeugungen auf.

Hinweis:

Zeitaspekt: 30 Minuten.

Hinweis:

Der Coach / Trainer fixiert in der Zwischenzeit die folgenden Punkte 1-8 auf dem Flip-Chart. Deckt aber den Text vorab mit einem darüberliegenden Blatt ab, bis die Punkte abgearbeitet worden sind (s. Durchführung III).

Reflexion I:

— Sind dir sofort zahlreiche Glaubensüberzeugungen eingefallen?
— Hattest du Angst oder Sorge, deine negativen Glaubensüberzeugungen auf das Papier zu bekommen?
— Wie hast du dich währenddessen gefühlt?
— Welche findest du besonders heikel?
— Macht es dir JETZT Schwierigkeiten, darüber zu reden?
— Woran liegt das?
— Glaubst du, dass du mit deiner Aussage eine andere Person verletzt?
— Wie ist dir JETZT zumute?
— Würdest du sagen, du bist ganz ehrlich?
— Möchtest du diese Aussage lieber auf später oder ein anderes Mal verschieben?
— Glaubst du, es könnten für dich Nachteile in der Beziehung, im Kontakt mit Person X entstehen?
— Welche Möglichkeiten der Begegnung siehst du im HIER und JETZT?
— Soll dir jemand zur Seite stehen?
— Wer soll es sein?

Hinweis:

Der Coach / Trainer bietet sich als Person an. Er oder ein anderes Mitglied stellt sich an seine / ihre Seite oder hinter den Stuhl und legt leicht die Hände auf die Schultern.

Reflexion II:

— Hast du JETZT Lösungsideen im Hinblick auf die weitere Bearbeitung?
— Lag dir das Problem schon lange auf dem Herzen?
— Wie geht es dir JETZT, wo du feststellst, dass Familien- / Gruppenmitglied X ähnlich wie du denkst?

Durchführung III:

Du bist in der Verantwortung! Veränderungen können nur von innen nach außen beginnen und positiv auf deine Umwelt, d.h. auf deine Familien- / Gruppenmitglieder einwirken.
Ein Familienthema / Gruppenthema könnte acht wesentliche wichtige Aspekte beinhalten:

1. „Ein jeder arbeite an sich selbst!"
2. „Wir sind Zusammenarbeiter!"
3. „Wir sind Möglichkeitsdenker!"
4. „Unsere gemeinsam gelebten Werte sind uns wichtig!"

5. „ICH übernehme die Kontrolle!"
6. „WIR übernehmen die Kontrolle!"
7. „ICH übernehme die Verantwortung!"
8. „WIR übernehmen die Verantwortung!"

Dabei sehe ich nicht auf die Schwächen der anderen Familien- / Gruppenmitglieder und auch nicht auf meine eignen. Ich betrachte meine Ressourcen, meine Stärken, meine Qualitäten, meine gesamte Kreativität.
Formuliere im HIER und JETZT deine positive Absicht, um an deinem Selbstkonzept zu arbeiten.

Modifikation:

Offen und dabei schriftlich in der Gesamtfamilie / Gruppe entwickeln lassen.

Kreative Verschreibung:

Zieh dich zurück und fixiere deine positive Absicht.
Arbeite an den Beziehungsstrukturen deiner Ehe und Familie.
Somit nimmst du Einfluss auf wichtige Lebensbereiche, die dein Glück bestimmen.
Formuliere z.B.:
— ICH werde ein liebevoller Partner sein!
— ICH werde einfühlsam meinem Partner und meinen Kindern zuhören!
— ICH werde sensibel auf meinen Partner und meine Kinder eingehen!
— ICH werde echtes Lächeln zeigen!
— ICH werde Verständnis zeigen!
— ICH werde meinen Partner ehrlich und aufrichtig lieben!
— ICH akzeptiere meine Kinder so wie sie sind!
— Usw.

Diese Botschaften bringe zum nächsten Treffen mit. Dort werden sie laut vorgelesen und gemeinsam diskutiert, analysiert und reflektiert.

Notizen:

Was ICH über dich denke und fühle, dir aber noch nie gesagt habe

Mut / Konfrontation / Angst / Unsicherheit / Ehrlichkeit / aufmerksames Zuhören / Aushalten von Kritik / Selbst- und Fremdwahrnehmung / Erhellung

Material:

Taschentücher, Papierkorb

Durchführung I:

Üblicherweise gerätst du bei Kritik gegen dich schnell in eine Position der Selbstverteidigung. In der Selbstverteidigung benutzt du zur Widerlegung negativer Gedanken der Kritik gegen dich, derenthalben du dich schlecht fühlst, die Logik der Beweise, um dich damit zu rechtfertigen.
Statt dich gegen diese Kritik verbal zur Wehr zu setzen, versuchst du, aufmerksam zuzuhören und die in der Botschaft enthaltene Wahrheit zu erkennen.
Im Dialog mit deinem Partner sollst du es aushalten, seine ehrliche kritische Meinung über dich zu hören, indem du genau das Gegenteil tust, was du sonst tust.

Du akzeptierst ehrlich deine charakterlichen Schwächen, sodass dir bewusst wird, dass du fehlerhaft, mangelhaft, unzuverlässig und unzulänglich bist!

Durchführung II:

Die Familien- / Gruppenmitglieder sitzen in der Mitte des Kreises und schauen sich während des einseitigen Kritikgesprächs in die Augen.
Die empfangene Botschaft wird nicht kommentiert!
Beginne immer mit:

— ICH finde,...
— ICH denke,...
— ICH fühle,...
— Usw.

Hinweis:

Ohne Zeitlimit!

Reflexion:

— Welche negativen Gedanken entstanden sofort bei dir?
— Welche negativen Gefühle entstanden sofort bei dir?
— Konntest du aufmerksam zuhören?

- Hättest du dich am liebsten sofort verteidigt?
- Wie fühlst du dich JETZT?
- Wie stark sind deine negativen Emotionen gegenüber deinem Partner?
- Hast du manche Gedanken bereits bei deinem Partner geahnt?
- Welche Gedanken und Gefühle standen dir als wichtige Mitteilung sofort im Vordergrund?
- Hattest du Sorge, wie dein Partner es wohl verkraften würde?
- Hast du Angst, dass die Eröffnung deiner Gedanken und Gefühle zu deinem Partner dazu führen können, dass sich euer Verhältnis verschlechtern würde?
- Welche Sorgen und Ängste bestehen noch?
- Kennst du Alternativen, wie du in Zukunft mit solchen Gedanken und Gefühlen im Alltag besser umgehen könntest?
- Welche Hilfen würdest du wann und wie einschalten?

Hinweis:

Nach Abschluss der Reflexion eine längere Pause einhalten. Die Partner benötigen Zeit für sich allein und zur Aussprache.

Nach der Pause wird die Übung mit gleicher Rollenposition, jedoch mit positiven Botschaften fortgesetzt.

Hinweis:

Den Übungsverlauf in umgekehrter Reihenfolge bzw. mit Rollenwechsel der Partner nur bei ausreichender Zeit (z.B. Tagesveranstaltung) durchführen. Die emotionale Belastung ist für die Partner sehr hoch und schwächt das Immunsystem.

Modifikation:

Der Empfänger der Botschaft schließt die Augen.
Zeiten vorgeben.
Videoaufnahme.
Übung mit Kindern durchführen.

Kreative Verschreibung:

Suche dir ein Merkmal zur Erinnerung, damit du in Zukunft die Wahrheit aussprichst, wenn du mit deinem Gegenüber unzufrieden bist. Somit trägst du zu deiner eigenen körperlichen und seelischen Gesundheit bei. Tabuthemen in der Partnerschaft sind jedoch anders, d.h. sehr diplomatisch zu behandeln.

Notizen:

ICH fühle mich ...

Negation / Ausdruck / Erwartung / selbsterfüllende Prophezeiung / Selbstwahrnehmung

Material:

Farbige Pappkarten mit passenden Kuverts, Stifte, Schreibunterlagen, Taschentücher

Hinweis:

Während der Durchführung I wird nicht gesprochen!
Zeitaspekt für Durchführung I: 15 Minuten.

Durchführung I:

Jedes Mitglied der Familie / Gruppe schreibt zu folgenden Themen, die negative Empfindungen, Gefühle, Emotionen, Gedanken auslösen, die sie im Kontext Familie bzw. Partner, Kind/er immer wieder erleben und die bewusst und unbewusst am Selbstwertgefühl nagen, eine Botschaft auf eine Karte:

— Eifersucht
— Beleidigungen
— Kränkungen
— Herabsetzungen
— Zurückweisungen
— Liebesentzug
— Bestrafungen
— Usw.

Versuche, deine Botschaft möglichst sachlich zu schreiben, auch wenn starke Emotionen in dir aufkommen.

Hinweis:

Zeitaspekt für Durchführung II: 15 Minuten.
Durchführung II: Es wird nicht gesprochen!

Durchführung II:

Jedes Mitglied liest die an ihn gerichtete Botschaft.
Er / sie kann die Mitteilung mehrfach lesen und sie wirken lassen.
Keiner soll nach Ausflüchten, Rechtfertigungen, Erklärungen, Bestätigungen suchen. Das hat HIER keinen Platz!

Hinweis:

Wer die Runde bzw. den Raum aufgrund der enormen emotionalen Belastung verlassen muss, darf in einen anderen Raum oder nach draußen gehen.

Durchführung III:

Die Familie / Gruppe trifft sich im Plenum.
Es setzen sich immer zwei beteiligte Mitglieder in die Mitte des Kreises.
Eine Person beginnt und liest langsam die aufgelisteten Punkte laut vor.

Reflexion I:

— Wie hast du dich dabei gefühlt?
— Welche Emotionen entstanden, als du deine Wünsche / Erwartungen an deinen Partner, dein Kind aufgelistet hast?
— Glaubst du, dass dein Gegenüber dir aufmerksam zugehört hat?
— Glaubst du, dass dein Gegenüber dich HEUTE besser verstanden hat?
— Glaubst du, dass es die anderen Familien- / Gruppenmitglieder ähnlich empfinden?
— Glaubst du, dass die anderen Familien- / Gruppenmitglieder auch darunter leiden?
— Welche Möglichkeiten der eigenen Veränderung siehst du?
— Wie kannst du in Zukunft besser mit deinen negativen Auslösern umgehen?
— Welche Ressourcen kannst du aktivieren?
— Welche Ressourcen glaubst du, sollte ICH aktivieren?
— Welche Ressourcen können wir entwickeln?

Hinweis:

Zeitaspekt für Durchführung IV: 10 Minuten.

Durchführung IV:

Nun gilt es, sich von negativen Botschaften zu verabschieden, um „Platz" für Positives zu machen.
Jedes Mitglied schreibt an die gleiche Person mindestens eine positive Empfindung, Eigenschaft, Charakterstärke, die es an ihm / ihr schätzt und bewundert.

Reflexion II:

— Wie geht es dir JETZT?
— Wird dich die positive Botschaft durch den Tag begleiten und die negativen Botschaften überdecken?
— Was sind deine Wünsche für den Umgang miteinander, damit wieder Achtung, Respekt, Toleranz, Wertschätzung, Empathie zu tragenden Säulen der Beziehung werden?
— Usw.

Durchführung V:

Die anderen Mitglieder können aus ihrer Sicht die positiven Merkmale der im Fokus befindlichen Person ergänzen und ihre eigenen Erwartungen für eine gemeinsame Zukunft äußern.

Abschließend fasst der Trainer / Coach zusammen und bringt die wesentlichen Aspekte auf den Punkt.
Dabei achtet er auf die positiven Äußerungen der Mitglieder, die er nochmals im Sinne der Rückmeldung hervorhebt. Zusätzlich erfolgt ggf. aus seiner fachlichen Sicht eine Ergänzung, um wichtige Aspekte des Zusammenlebens zu untermauern.

Modifikation:

Eine negative Botschaft oder Restbotschaft an mich selbst schicken, die aber den Partner, das Kind betreffen, die ICH jedoch nicht in diesem Rahmen äußern kann.
Ins Kuvert, adressieren und der Coach schickt den Brief zu einem unbestimmten Datum ab.

Kreative Verschreibung:

Der Coach / Trainer gibt folgende Aufgabe zur Selbstreflexion:
Gibt es in irgendeinem Winkel deines Herzens noch eine Restbitterkeit oder Verletzung durch ein Familien- / Gruppenmitglied?
Male einen Sarg auf und schreibe die ggf. restlichen Aspekte auf.
Suche den Kontakt zur beteiligten Person und zeige ihm / ihr dein Bild.
Sprecht euch gründlich aus und „tragt den Sarg gemeinsam zu Grabe".

Notizen:

Der Berg

Selbststeuerung / Sichtweise / Selbstwahrnehmung / Sensibilisierung / Abbau von Blockaden

Material:

Schreibunterlage, DIN-A4-Blätter, Stift, Flip-Chart, Metaplanpapier, verschiedenfarbige Eddings

Durchführung I:

Du kennst die Äußerung: „Die Probleme stehen vor mir wie ein riesiger Berg."
Wie oft hast du diesen Satz gedacht, zu dir selbst und zu anderen gesagt?
Diese Aussage ist emotional besetzt, ruft innerlich Stress, Blockaden, schlechte Stimmung hervor. Schon, wenn du daran denkst, wird dir unwohl.
Wie oft gehst oder fährst du mit solch einer Einstellung nach Hause, wo du nur noch den Berg siehst?
Wie oft hattest du schon versucht, gegen diesen Berg anzukämpfen?
Die Auswirkungen hast du deutlich zu spüren bekommen.
Es entstand Stress, Handlungsunfähigkeit und Streit mit deinem Partner, mit deinen Kindern.

Schon bei dem Gedanken an bestimmte Familienmitglieder, an die unterschiedlichsten belastenden Situationen, entstehen Spannungen in der Muskulatur und Blockaden im Kopf. Dabei fühlst du dich klein, weil der Berg so groß ist, evtl. ermüdet, evtl. minderwertig, deine Kraft erlahmt.

Durchführung II:

Jedes Familien- / Gruppenmitglied sucht sich einen ruhigen Ort und visualisiert seinen Berg, die Berge. Anschließend beschreibt er / sie den Berg, die Berge auf einem Blatt.

Hinweis:

Zeitaspekt: 30 Minuten.
Die Familie / Gruppe trifft sich anschließend im Plenum.

Durchführung III:

Ein freiwilliges Mitglied erklärt und verdeutlicht seine „Berglandschaft".
Um es der Familie / Gruppe besser zu verdeutlichen, erhält der Vortragende anschließend die Möglichkeit, seinen Berg, die Berglandschaft an das Flip-Chart zu zeichnen. Hier können Schluchten, Plateaus, zerklüftete Felsen, runde und glatte oder scharfe Felswände etc. aufgezeichnet werden. Deiner Kreativität sind keine Grenzen gesetzt.

Reflexion:

- Spürtest du während der Visualisierung Gefühle der Ohnmacht in bestimmten Höhenlagen?
- Welche Bildassoziationen waren die gefährlichsten?
- Stellte sich bei dir Angst ein?
- Spürst du JETZT noch körperliche Verspannungen?
- Wie stand es um deinen Mut, die Dinge auf den Punkt zu bringen?
- Wie und wo kannst du Verantwortung übernehmen?
- Was möchtest du demnächst ändern wollen?
- Welche Möglichkeiten, Potenziale, Kapazitäten stehen dir zur Verfügung, um aus den Bergen Hügel werden zu lassen?
- Welche Beziehungsarbeit steht als Erstes an?
- Wie konkret sollen die Gipfel bestiegen werden?

Durchführung IV:

Nach der Reflexion ist ein Rollenwechsel für den Partner angesagt.
Fortsetzung s.o.

Modifikation:

Diese Übung kann auch in Subgruppen durchgeführt werden.
Im Anschluss daran werden einzelne Mitglieder die interessantesten Fälle im Plenum darstellen.

Kreative Verschreibung:

Setze dich mit folgenden Gedanken auseinander:
Nimm dir eine Auszeit!
Wo ist für dich der Ort, an dem du entspannen und relaxen kannst?
Wohin soll für dich allein die Reise gehen?

Notizen:

Tod eines Familienmitgliedes

Trauer / Frust / Selbstachtung / Selbstwert / ICH-Aufbau / Selbstwahrnehmung

Material:

Tempo-Taschentücher, Papierkorb, Stifte, Luftballons, Ballonpumpe

Hinweis:

Übung ohne Zeitlimit durchführen!

Durchführung I:

Problembeschreibung wie folgt:
Ein Verwandter oder ein nahes Familienmitglied ist vor kurzem verstorben.
Die Trauer ist z.T. verarbeitet worden.
Reste gibt es immer! Tränen sind okay!
Die Gedanken kommen und gehen. Immer wieder entstehen auch negative Gedanken im Kopf. Schuldgefühle machen sich breit, sodass du dich schlecht fühlst.

— ICH hätte mir mehr Zeit nehmen sollen.
— Hätte ICH doch auf meine Intuition gehört.
— ICH habe versagt.
— ICH hätte nicht so kalt sein dürfen.
— ICH hätte mehr Liebe entgegenbringen sollen.
— Hätte er / sie doch noch ein Wort sagen können.
— Wie wertvoll wäre es gewesen, wenn ICH mich noch hätte verabschieden können.
— Ich hätte ihm / ihr doch gerne noch dieses und jenes gesagt.
— Usw.

Reflexion I:

Die Familienmitglieder / Gruppenmitglieder trauern lassen.
Ihnen aufmerksam zuhören.
Anschließend: Diskussionsthema: Vergangenheit – Gegenwart – Zukunft
(Hätte, sollte, könnte, müsste etc. Sinn und Unsinn diskutieren.)

Durchführung II:

Dem verstorbenen Familien- / Gruppenmitglied etwas Gutes zusprechen. Eine Eigenschaft, welche diese Person auszeichnete. Einen Satz, der eine gemeinsame Verbundenheit ausdrückt.

Betroffene Mitglieder schreiben die Botschaft auf einen kleinen Zettel und stecken ihn in einen Luftballon. Der Ballon wird mit der Pumpe aufgepumpt.

Hinweis:

Nicht mit dem Mund aufblasen lassen, da die Gesamtsituation für die betroffenen Mitglieder schon belastend genug ist. Dieser Stress ist kreislaufbelastend!

Durchführung III:

Die ganze Familie / Gruppe geht mit den Ballons ins Freie oder in die oberste Etage des Hauses, öffnet das Fenster, sodass die betroffenen Mitglieder ihre Ballons „auf die Reise schicken" können.
Wenn der Ballon später von einem Auto überfahren wird oder er zerplatzt an einem Baum, so wird „symbolisch" die geschriebene Botschaft „per Schall" an die gewünschte Adresse weitergeleitet.

Reflexion II:

— Was war für dich die wichtigste Botschaft?
— Warst du verwundert über die vielen positiven Erinnerungen?
— Bist du erstaunt, dass deine Familien- / Gruppenmitglieder ähnlich gedacht und gefühlt haben?
— Hättest du jemals gedacht, dieser Person eine Botschaft zu schreiben?
— Wie fühlt du dich JETZT?
— Bist du jetzt entspannter?
— Was wirst du in Zukunft machen, wenn sich negative Gedanken aufdrängen wollen?

Modifikation:

Das Szenario auf Video aufnehmen.
Die Ballons in der Natur von einem Berg aus steigen lassen.
Die Ballons mit Gas füllen und in den „Himmel" steigen lassen.

Kreative Verschreibung:

Sollten in dir noch Wutgedanken an die verstorbene Person stecken, so schicke die Botschaft per Ballon nach und verabschiede somit dein Miss- oder Wutempfinden.

Notizen:

Versuchter Suizid

Trauer / Schmerz / Enttäuschung / Bestrafung / Verlustangst / Versagen / Sinnfragen / Selbstachtung / Selbstwert / ICH-Aufbau / Selbstwahrnehmung

Material:

Tempo-Taschentücher, Papierkorb, Stifte, großes Malpapier

Hinweis:

Übung ohne Zeitlimit durchführen!

Durchführung I:

Problembeschreibung wie folgt:
Ein Verwandter oder ein nahes Familienmitglied hat vor kurzem einen Suizidversuch unternommen. Trauer, Schmerz, Enttäuschung. Fragen nach dem Warum drängen sich immer wieder in dir auf.
Du kannst es einfach nicht verstehen. Bei dem Versuch zu verstehen entsteht immer die Frage „Warum wollte er / sie mich bestrafen?" Viele Tränen geweint, Gespräche geführt, im „Dickicht" nach Lösungen gesucht.
Immer wieder neu der Versuch unternommen, Antworten auf Fragen zu finden.

Ja, Hilfe und Konsequenzen gibt es für den weiteren Behandlungsverlauf. Auch professionelle Hilfe der Beratung ist angesagt.

Und dennoch: Manchmal fühlst du dich allein, fühlst dich hilflos, Gedanken und Gefühle zeigen dir deine inneren Verletzungen.
Deine „Narben" sehen anders aus, als seine / ihre „Narben". Doch sie sind ähnlich.
Verletzte Seelen brauchen Hilfe.
Doch Licht zeigt sich am Horizont.

Immer und immer wieder entstehen auch negative Gedanken im Kopf. Schuldgefühle machen sich breit, sodass du dich schlecht fühlst.

— Es war sicher meine Schuld.
— Bestimmt habe ich mich zu wenig um diese Person gekümmert.
— Vielleicht hätte ICH mir mehr Zeit nehmen sollen.
— Hätte ICH wissen müssen, dass er / sie selbstmordgefährdet ist?
— ICH habe versagt.
— Bestimmt hätte ich etwas tun können.
— ICH hätte mehr Aufmerksamkeit und Liebe entgegenbringen sollen.
— Er / sie fühlte sich bestimmt zurückgewiesen
— Usw.

Reflexion I:

Die Familienmitglieder / Gruppenmitglieder reflektieren gemeinsam.

Durchführung II:

Die betroffenen Mitglieder schreiben im Sinne eines Brainstormings ihre Gedanken und Gefühle mit.
Alles, was du glaubst, ist wichtig. Schreibe alles auf dein Blatt.

Reflexion II:

Die Familien- / Gruppenmitglieder berichten darüber.

Durchführung III:

JETZT findet der positive Akt des Sortierens und Aufräumens statt. Dem alten Bild wird ein neuer Rahmen gegeben.
Jedes Mitglied fixiert für sich kommunikative und interaktionistische Lösungsansätze für den Betreffenden und für die anderen Familien- / Gruppenmitglieder.

Reflexion III:

Ein Familien- / Gruppenmitglied oder Coach schreibt die ihm genannten Lösungsansätze an das Flip-Chart.
Nun hat die Familie / Gruppe die Aufgabe, genannte, realistisch praktikable Lösungsstrukturen zu entwickeln.

Modifikation:

Neue Familien- / Gruppenskulptur stellen.
Die Familien- / Gruppenteilnehmer entwickeln gemeinsam einen Merkspruch bzw. Leitsatz für den Betreffenden, der Unterstützung, Wertschätzung und Liebe zum Ausdruck bringt.

Kreative Verschreibung:

Suche aus Fotoalben, Fotokisten Bilder heraus, auf denen ihr gemeinsam abgelichtet seid. Betrachte sie in Ruhe und achte auf deine Gefühle.

Notizen:

Der Suizid

Trauer / Schmerz / Enttäuschung / Verlust / Versagen / Sinnfragen / Selbstachtung / Selbstwert / ICH-Aufbau / Selbstwahrnehmung

Material:

Tempo-Taschentücher, Papierkorb, Stifte, großes Malpapier

Hinweis:

Übung ohne Zeitlimit durchführen!

Durchführung I:

Problembeschreibung wie folgt:
Ein Verwandter oder ein nahes Familienmitglied hat vor kurzem einen Suizid unternommen. Die Trauer und der Schmerz keimen immer wieder in dir auf.
Du kannst es einfach nicht verstehen. Bei dem Versuch zu verstehen entstehen nur „neue Knoten im Kopf". Viele Tränen geweint, doch die „Knoten" lösen sich nicht.
Fragen über Fragen. Immer wieder entstehen auch negative Gedanken im Kopf. Schuldgefühle machen sich breit, sodass du dich schlecht fühlst.

— ICH habe mich zu wenig um diese Person gekümmert.
— ICH hätte mir mehr Zeit nehmen sollen.
— Hätte ICH doch mehr auf meine Intuition gehört.
— ICH habe versagt.
— ICH hätte nicht so kalt sein dürfen.
— ICH hätte mehr Liebe entgegenbringen sollen.
— Könnte ICH doch noch einmal mit ihm / ihr reden.
— Hätte ich Möglichkeiten gehabt, das zu verhindern?
— Usw.

Reflexion I:

Die Familienmitglieder / Gruppenmitglieder trauern lassen. Ihre Klagen zulassen.

Durchführung II:

Die betroffenen Mitglieder malen jeweils ein Bild im Andenken an den Verstorbenen.
Alles, was du glaubst, ist wichtig. Male, schreibe alles auf dein Blatt.

Reflexion II:

Die Familien- / Gruppenmitglieder sprechen aus, was für sie besonders wichtig und bedeutungsvoll im Kontakt mit der verstorbenen Person war.

Durchführung III:

Nun ist es die Aufgabe der Familie / Gruppe, die Einzelbilder als Collage zu einem Gesamtwerk zusammenzufügen.

Modifikation:

Die Erstellung der Collage auf Video aufnehmen.
Direkt gemeinsam ein Gesamtwerk auf großen Karton malen.
Kann als verbale und auch als nonverbale Übung durchgeführt werden.

Kreative Verschreibung:

Schreibe einen Abschiedsbrief. Überarbeite ihn am nächsten und übernächsten Tag wieder neu. Beschränke dich dabei auf die wesentlichen und für dich wichtigen Aspekte.
In der nächsten Sitzung wird gemeinsam das Bild auf eine große Pappe geklebt, gerahmt und auf der Rückseite werden die Briefe aufgeklebt.
Gemeinsam wird im Haus / in der Wohnung ein passender Platz gesucht, um das Bild aufzuhängen.

Notizen:

Vorsorge- / Nachsorge – Übung

Selbstwahrnehmung / Sensibilität / Sensitivität / Selbstverantwortung / Vorsorge (vor der Beerdigung)

Material:

Flip-Chart, verschiedenfarbige Eddings

Durchführung I:

Wenn du nur noch den heutigen Tag zu leben hast, welche relevanten Aspekte möchtest du in deiner Familie noch unbedingt festlegen.
Halte diese Aspekte schriftlich fest, denn es erspart deiner Familie später Zeit und Geld, ggf. auch Ärger und Stress.
Bedenke, dass auch du sterben musst! Dein Partner, deine Kinder, Verwandte und Freunde stehen unter Schock und sind voll Trauer. Durch einen plötzlichen Tod werden vielleicht einige Entscheidungen getroffen werden, die nicht unbedingt deine Zustimmung bekämen.
Lege jetzt eine Prioritätenliste an, unabhängig davon, welche Sterbe- und Lebensversicherungen du abgeschlossen hast.

Spreche mit deinem Partner, mit deinen Kindern über Wünsche, Ansprüche, ihre und deine Bedürfnisse.

Berufe im HIER und JETZT eine Familiensitzung ein. Redet offen, sachlich und freundlich.

Entscheide du, wie diverse Einzelheiten aussehen und vollzogen werden sollen.

Spreche „zu Lebzeiten", d.h. HIER und JETZT darüber.

Anschließend darfst du dich zurücklehnen und sagen: „Gut, dass wir mal darüber gesprochen haben."

Die Gruppe bleibt im Plenum. Die Familie- / Gruppe sitzt im Kreis.

Der Coach / Trainer schreibt die von der Familie genannten Reflexionsfragen an das Flip-Chart.

Reflexion I:

Erfolgt anhand individuell erstellter Prioritätenliste.

Reflexion II:

— Soll es ein Sarg, eine Urne, See- oder Mondbestattung sein?
— Aus welchem Holz soll der Sarg sein?

- Welche Ausführung soll er haben?
- Soll er eine bestimmte Form haben?
- Soll eine mit deinem Hobby oder Beruf verbundene Gestaltung für die „Nachwelt" sichtbar sein?
- Welche Grundfarbe soll er haben?
- Wie soll er bemalt sein?
- Wie soll die Innenausstattung sein?
- Welche Kleidung möchtest du tragen?
- Welche Trauergäste sollen kommen?
- Welche Trauerteilnehmer sollen nicht kommen?
- Auf welchem Friedhof möchtest du beerdigt werden?
- Welche Lieder sollen gesungen werden?
- Was ist dein Lieblingslied?
- Wer soll die Trauerrede halten?
- Möchtest du, dass deine eigene Grabrede gehalten wird?
- Welchen Grabschmuck möchtest du haben?
- Für welche Stiftung oder Person soll gespendet werden?
- Hast du dein Testament verfasst?
- Soll es noch einmal geändert werden?
- Möchtest du deine Patientenverfügung fixieren?
- Wer soll z.B. wertvolle Schmückstücke erhalten?
- Wer soll den von dir heißgeliebten Oldtimer bekommen?
- Usw.

Hinweis:

- Sorge für die entsprechenden Vordrucke!
- Sei kein Weichei!
- Setzt dich mit deiner „Zukunft" auseinander!
- Verdrängen gilt nicht!
- Auseinandersetzung im HIER und JETZT!

Durchführung II:

Einen Brief an den Partner, die Kinder verfassen und o.g. Liste geordnet abschreiben und mit dem Hinweis versehen, wo die wichtigen Unterlagen, d.h. Absichtserklärungen und Vollmachten aufbewahrt sind.
Mit Datum und Unterschrift versehen!

Reflexion III:

- Wie geht es dir mit deiner eigenen Auseinandersetzung?
- Welche Ängste, Sorgen sind entstanden?

- Wer soll dir bei einer weiteren Auseinandersetzung mit diesem Thema behilflich sein?
- Möchtest du einen Pastor / Priester aufsuchen?
- Kommen dir Gedanken zur Gesundheitsvorsorge?
- Welche Ärzte willst du konsultieren?
- Welche Pläne willst du für dich noch realisieren?
- Welche Pläne hast du gemeinsam mit deinem Partner?
- Welche Ziele verfolgst du gemeinsam mit deinen Kindern?
- Was ist die Vision für dein Leben?

Reflexion IV:
- Wie geht es dir als Partner/in damit?
- Welche Gedanken an die Zukunft sind dir gerade präsent?
- Welche Ängste, Sorgen entstehen bei dir?
- Welche Wünsche hast du an deinen Partner?
- Welche Ideen willst du gemeinsam mit ihm verwirklichen?
- Was ist der Wunsch für deine Kinder?
- Was ist deine Vision für eure gesamte Familie?

Modifikation:

Als Anhang die Fixierung eines Testaments thematisieren.
Persönliche Wünsche eintragen!

Kreative Verschreibung:

Wenn du eine Patientenverfügung wünschst, fülle vorgefertigte Vordrucke aus.
Halte schriftlich deine Wünsche fest und besprich sie mit der betreffenden Person.
Lass dich bei offenen Fragen von Ärzten beraten.

Notizen:

Schau mir in die Augen!

Mut / Konfrontation / Angst / Unsicherheit / Schmerz / Ehrlichkeit / aufmerksames Zuhören / Aushalten von Kritik / Selbst- und Fremdwahrnehmung / Transparenz / verdeckte Empfindungen aussprechen / verbale und nonverbale Übung

Material:
Stifte, DIN-A4-Blätter

Hinweis:
In der Durchführung I wird nicht gesprochen!
Zeitaspekt: 10 Minuten.

Durchführung I:
Ein freiwilliges Familien- / Gruppenmitglied stellt sich in die Mitte. Die anderen Mitglieder sitzen im Halbkreis und beschreiben schriftlich diese Person in positiver Hinsicht, jeder auf sein Blatt. Bitte leserlich schreiben!

Abschließend gibt jeder sein Blatt dem Coach / Trainer.

Hinweis:
Anschließend kurze Pause von 5 Minuten.
Während der Durchführung II konstant den Blickkontakt halten!

Durchführung II:
Die beschriebene Person stellt sich wieder in die Mitte. Die restlichen Mitglieder stellen sich dieser Person gegenüber auf.
Die im Fokus stehende Peson soll JETZT nur zuhören, ohne sich zu rechtfertigen.
Die anderen Personen sprechen das laut und verständlich aus, was sie an dieser Person schon immer gestört hat und schauen ihr / ihm in die Augen.

JETZT dürfen nach und nach die negativen Botschaften ausgesprochen werden.

Der Coach / Trainer stellt sich zuvor neben die Einzelperson. Er hat die positiven Beschreibungen in der Hand und spricht gleichzeitig halblaut und verständlich die positiven Botschaften aus, die vorab durch die Familien- / Gruppenmitglieder zusammengetragen worden sind.

Hinweis:

Zeitaspekt variabel. Bis Coach / Trainer den Eindruck hat, dass im Fokus stehende Person stark belastet ist.
Bis Coach / Trainer laut STOPP ruft!

Reflexion I:

— Welche Botschaften hast du zuerst gehört?
— Worauf hast du deine Aufmerksamkeit gerichtet?
— Was wolltest du lieber hören?
— Welche Gedanken und Gefühle entstanden sofort bei dir?
— Welche negativen Gedanken und Gefühle sind JETZT in dir?
— Welche positiven Gedanken und Gefühle sind JETZT in dir?
— Bist du über die negativen Äußerungen erschrocken?
— Was hat dich verletzt?
— Wer hat dich verletzt?
— Im Hinblick auf deine Verletzung: Wo würdest du den Marker auf einer Linie von 1 bis 10 setzen?
— Ist dir bei dieser Übung heiß geworden?
— Glaubst du, dass deine Familie / Gruppe endlich einmal die Wahrheit ausgesprochen hat?
— Was brauchst du JETZT?
— Möchtest du, dass wir JETZT über verschiedene Äußerungen sprechen, damit du Klarheit über deine Empfindungen bekommst?
— Wünschst du dir erst eine Pause?

Hinweis:

Der Coach / Trainer moderiert sorgsam und verantwortungsvoll den Prozessverlauf!
Dabei sorgt er für ehrliche Aufklärung setzt positive Aspekte daneben, ohne zu kaschieren.
Ziel ist für alle Beteiligten, eine Aufklärung lang verdeckter bewusster und unbewusster Anteile, die im Alltag stets zu Blockaden und einer Unfreiheit im kommunikativen Umgang miteinander geführt haben. Somit öffnet er eine Tür, damit ein liebevoller, vertrauter und wertschätzender Umgang miteinander möglich ist.

Reflexion II:

— Mit welcher Person möchtest du als erstes sprechen?
— Soll diese Person sich dir gegenüber setzen?
— Welche Fragen brennen dir „auf den Nägeln"?
— Usw. ergibt sich aus dem Verlauf.

- Was ist für eure Beziehung besonders wichtig und bedeutungsvoll?
- Was möchtest du deinem Gegenüber Liebevolles sagen?
- Auf welche Aspekte möchtest du in Zukunft verstärkt achten?
- Welche Ängste bestehen noch?

Reflexion III:

- Jedes Familien- / Gruppenmitglied drückt seine Empfindungen und Gefühle in diesem Prozess aus.
- Es wird geklärt, wann es mit welcher Person weitergeht.
- Ggf. weiterer Reflexionsprozess mit einem anderen Mitglied.

Modifikation:

Das im Fokus stehende Mitglied bekommt die Augen verbunden.
Zeiten vorgeben.

Kreative Verschreibung:

Gibt es für dich noch belastende Aussagen, trotz der positiven Beschreibungen, die dir noch im Ohr bzw. im Kopf sind?
Schreibe sie auf und bring das Belastungsmaterial mit in die nächste Sitzung.

Notizen:

Vertragt euch!

Mut / Konfrontation / Angst / Unsicherheit / Ehrlichkeit / Aushalten von Kritik / Selbst- und Fremdwahrnehmung / Erhellung

Material:
Taschentücher, Papierkorb

Hinweis:
Zeitlimit für Durchführung I: 5 Minuten.

Durchführung I:
Jedes Familien- / Gruppenmitglied soll über folgende Frage nachdenken. „Was ärgert mich ständig an dieser oder jener Person in meiner Familie?"

Hinweis:
Zeitlimit für Durchführung II: 10 Minuten.

Durchführung II:
Die Familien- / Gruppenmitglieder stehen und laufen durch den Raum. Alle schimpfen lauthals und schauen dabei der Person in die Augen, für die gerade die Botschaft gilt. Jeder darf seinen Frust lauthals verbal ablassen, ohne dass die empfangene Botschaft kommentiert wird!

Reflexion:
— Welche negativen Gedanken entstanden sofort bei dir?
— Welche negativen Gedanken hast du zuerst geäußert?
— Was war der Grund?
— Wie fühlst du dich JETZT?
— Hättest du solche Äußerungen von dieser Person jemals erwartet?
— Hättest du dich am liebsten sofort verteidigt?
— Wie stark sind deine negativen Emotionen gegenüber dieser Person?
— Kannst du ihn / sie verstehen?
— Kannst du diese oder jene Aspekte nachvollziehen?
— Was ist dein Wunsch für eure gemeinsame Zukunft?
— Was kannst du an deinem Verhalten ändern?
— Was willst du in eure Beziehung investieren?

Hinweis:

Nach Abschluss der Reflexion eine längere Pause einhalten. Alle Partner benötigen Zeit zur gemeinsamen Aussprache.

Hinweis:

Durchführung III: Ohne Zeitlimit!

Durchführung III:

Die Familien- / Gruppenmitglieder sitzen im Kreis und schauen sich während der folgenden Rückmeldung in die Augen.
Die empfangene Botschaft wird nicht kommentiert!
Beginne immer mit:

— ICH werde in Zukunft ...
— ICH investiere in Zukunft ...
— ICH teile in Zukunft rechtzeitig mit, ...
— Usw.

Modifikation:

Dem Empfänger der Botschaft ein schönes Bild malen.

Kreative Verschreibung:

Dem Empfänger der Botschaft eine Absichtserklärung schicken.
Eine schöne Karte kaufen und sein Statement darauf schreiben.

Notizen:

Maskenball der Sinne

Ängste / Wünsche / Erwartungen / Hoffnungen / Sehnsüchte / selbsterfüllende Prophezeiung / Selbst- und Fremdwahrnehmung

Material:

Auswahl diverser Masken aus den unterschiedlichen Kulturen

Durchführung I:

Masken sind seit dem 16. Jahrhundert bis heute Ausdruck verschiedener Kulturen. Die Faszination durch die Vielgestaltigkeit in Form und Farbe wird durch Identifikation zu einer erfahrbaren Größe. Dieser Vorgang ist unabhängig davon, ob die Maske naturalistisch, idealisiert, stilisiert, mystisch bis fratzenhaft oder hässlich aussieht.
Masken besitzen einen enormen Stellenwert im Hinblick auf Selbstfindung.

Die Auswahl einer Maske hat ihren Platz in der Selbstwahrnehmung, Gruppendynamik bzw. im HIER und JETZT in der Familiendynamik, in Interaktionsübungen und im Rollenspiel.
Durch die Maske können innerste Gefühle und Befindlichkeiten wie Freude, Trauer, Aggression, Anspannung usw. ausgedrückt werden. Im Laufe der eigenen Biografie hat jeder Mensch gelernt, innere Zustandsbilder zu maskieren.

Mit Hilfe der Maskenübungen sollen die Geheimnisse innerer Zustandsbilder gelüftet werden.

Hinweis:

Während der Durchführung II wird nicht gesprochen!
Zeitaspekt für Durchführung II: 15 Minuten.

Durchführung II:

Jedes Mitglied der Familie / Gruppe sucht sich eine Maske aus, mit der es sich identifizieren kann.
Alle Teilnehmer bewegen sich durch den Raum, schauen sich an, lange an.
Wer will, kann auch stehen bleiben, weiterlaufen usw.
Versucht euch, bildlich gesprochen „tief in die Augen zu schauen". Ergründet, welche Motive für die Auswahl der Maske eine Rolle gespielt haben können.
Achtet auf die Bewegungen des Kopfes und des Körpers.

Hinweis:

Während der Durchführung III wird nicht gesprochen!
Zeitaspekt für Durchführung III: 10 Minuten.

Durchführung III:

Die Teilnehmer bewegen sich immer noch durch den Raum.
Ertaste vorsichtig die Maske deines Gegenübers. Erspüre die Formstrukturen und betrachte die Farbe der Maske.
Nach Ablauf der vorgegebenen Zeit setzen sich alle auf ihren Stuhl. Die Masken werden aufbehalten. Eine freiwillige Person beginnt und erklärt sich.

Reflexion:

— Warum hast du gerade diese Maske ausgewählt?
— Wie fühlst du dich JETZT?
— Wie war das Verhältnis von Distanz und Nähe zueinander?
— Was hat dich besonders gestört?
— Gibt dir das Sicherheit?
— Willst du damit deine Rolle perfektionieren?
— Wächst du währenddessen über dich hinaus?

Modifikation:

Übung mit Musik durchführen.

Kreative Verschreibung:

Reflektiere und frage dich, welche Maske trägst du in der Familie / Gruppe:

— am liebsten?
— am häufigsten?
— freiwillig?
— unfreiwillig?

Male und beschreibe!

Notizen:

Maskenball der Zwänge

Ängste / Wünsche / Erwartungen / Hoffnungen / Sehnsüchte / selbsterfüllende Prophezeiung / Selbst- und Fremdwahrnehmung

Material:

Farbige Pappen, Scheren, Klebstoff, Gummiband, Eddings, Bleistifte, Radiergummi, Anspitzer, Papierkorb

Durchführung I:

Masken sind seit dem 16. Jahrhundert bis heute Ausdruck verschiedener Kulturen. Die Faszination durch die Vielgestaltigkeit in Form und Farbe wird durch Identifikation zu einer erfahrbaren Größe. Dieser Vorgang ist unabhängig davon, ob die Maske naturalistisch, idealisiert, stilisiert, mystisch bis fratzenhaft oder hässlich aussieht.
Masken besitzen einen enormen Stellenwert im Hinblick auf Selbstfindung.

Die eigene Herstellung einer Maske hat ihren Platz in der Selbstwahrnehmung, Gruppendynamik bzw. im HIER und JETZT in der Familiendynamik, in Interaktionsübungen und im Rollenspiel.
Durch die Maske können innerste Gefühle und Befindlichkeiten wie Freude, Trauer, Aggression, Anspannung usw. ausgedrückt werden. Im Laufe der eigenen Biografie hat jeder Mensch gelernt, innere Zustandsbilder zu maskieren.
Mit Hilfe der Maskenübungen sollen die Geheimnisse innerer Zustandbilder gelüftet werden.

Hinweis:

Während der Durchführung II wird nicht gesprochen!
Zeitaspekt für Durchführung II: 45 Minuten.

Durchführung II:

Jedes Mitglied der Familie / Gruppe stellt eine Maske her, mit der es sich identifizieren kann.
Die Familie / Gruppe trifft sich im Plenum. Jeder behält seine Maske auch während der Reflexion auf.

Reflexion I:

— Wie fühlst du dich hinter deiner Maske?
— Gelingt dir dein Versteckspiel?
— Wo würdest du deine Maske am liebsten dauerhaft tragen?
— Welche Masken trägst du noch, die wir nicht sehen?

- Welche Masken trägst du noch in der Familie?
- In welchen Situationen?
- Warum, weshalb?

Würde es dir besser gehen, wenn du keine Maske tragen würdest?

Reflexion II:
- Was glaubst du, weshalb du ein perfekter Maskenträger geworden bist?
- Brauchst du diesen „Schutz" ständig in der Familie / Gruppe?
- Kannst du dir vorstellen, es kommuniziert sich auch ohne Maske gut?
- Was erwartest du von deinem Gegenüber?
- Was erwartest du von deiner Familie?
- Was erwartest du von deiner Gruppe?

Durchführung III:

Der Coach / Trainer schreibt ab Reflexion III die Wünsche der Teilnehmer an das Flip-Chart.

Reflexion III:
- Welche Kommunikationsstrukturen möchtest du verändert sehen?
- Welche Kommunikationsinhalte wünschst du dir?
- Wie kann das deiner Meinung nach geschehen?
- Welche Aspekte sind dir besonders wichtig?
- Was soll unbedingt gemeinsam gelebt werden?
- Wo siehst du Gemeinsamkeiten?
- Was würdest du selbst dafür investieren?
- Welches Selbstverständnis hast du von dir?
- Wie steht es JETZT mit deinem Selbstwert?
- Welchen Situationen fühlst du dich JETZT stark und gewachsen?
- Was sollte für die Familie / Gruppe der nächste Schritt sein?

Durchführung IV:

Abschließend fasst der Coach / Trainer zusammen und hebt die wesentlichen Aspekte noch einmal hervor.

Modifikation:

Übung mit Musik durchführen.
Wenn genügend Zeit vorhanden: Bau von Masken aus den unterschiedlichsten Materialien wie Holz, Metall, Bast, Stroh, Stoff.

Kreative Verschreibung:

Da du Zwänge hasst, heftest du dir einen Erinnerungsaufrichter als Maskensymbol an deinen Arbeitsplatz bzw. Pinwand, Kühlschrank etc.

Notizen:

Todesqualen

Mut / Konfrontation / Angst / Unsicherheit / Ehrlichkeit / aufmerksames Zuhören / Aushalten von Kritik und Druck / Selbst- und Fremdwahrnehmung / Erhellung

Material:
Taschentücher, Papierkorb

Hinweis:
Ohne Zeitlimit!

Durchführung I:
Vater / Mutter / Großvater oder Großmutter liegt im Sterben und müssen enorme Qualen aushalten. Bedingt durch einen schweren und langen Krankheitsverlauf befindet sich o.g. Patient/in in einem körperlich und emotional instabilen Zustand.
Er / sie klagt unter starken Schmerzen trotz hoher Dosis an Morphium.
Jedes Familien- / Gruppenmitglied saß oft und lange voller Mitleid und oftmals hilflos am Krankenbett. Alle warten auf das Ende.

Durchführung II:
Da sich der Zustand weiterhin verschlechtert, sodass er / sie kaum noch Luft bekommt, bittet der Patient inständig um eine Überdosis an Morphium.
Du befindest dich mit dem Patienten allein im „Sterbezimmer".

Durchführung III:
Die Familien- / Gruppenmitglieder sitzen im Kreis und schauen sich während des Gesprächs in die Augen.
Die Botschaften werden nicht kommentiert!
Beginne immer mit:

— ICH finde,...
— ICH denke,...
— ICH fühle,...
— Usw.

Reflexion:
— An welche Person hast du direkt gedacht?
— Welche Gedanken der Sorge, Ängste und Nöte entstanden sofort bei dir?
— Welche negativen Gefühle entstanden sofort bei dir?

- Wie hilflos fühlst du dich?
- Welche ethischen Normen und Werte sind für dich verbindlich?
- Wie fühlst du dich JETZT?
- Was kannst du für den leidenden Patienten tun?
- Welche Gedanken der Hilfe standen sofort im Vordergrund?
- Hattest du Sorge, wie deine Familienmitglieder wohl deine Einstellung verkraften würden?
- Welche Sorgen und Ängste bestehen noch?
- Kennst du Handlungsalternativen im Umgang mit sterbenden Patienten?
- Welche entlastenden Hilfen würdest du wann und wie einschalten?

Durchführung IV:

Nach einer Pause von 10 Minuten wird die Übung als Rollenspiel fortgesetzt.

Reflexion II:

- Wie intensiv und nachhaltig hast du im Rollenspiel die Auseinandersetzung mit dem betreffenden Patienten und seinem Leiden erlebt?
- Wie fühlst du dich körperlich?
- Wie fühlst du dich seelisch?
- Welche Rolle war für dich sehr belastend?
- Mit welcher Lösung kannst du dich einverstanden erklären?

Modifikation:

Übung mit getragener Musik durchführen.

Kreative Verschreibung:

In einer stillen Stunde schreibt jedes Familien- / Gruppenmitglied einen Abschiedsbrief an den Patienten. Hier können Werte bzw. Grundhaltungen zum Ausdruck gebracht werden und ebenso liebevolle Worte, die trösten und „verbinden". Dieser Brief wird in der nächsten Sitzung im Kontext eines Rollenspiels dem Patienten vorgelesen.

Notizen:

Der kalte Krieg

Verunsicherung / Selbst- und Fremdwahrnehmung / Druck aushalten / Gefühle ausdrücken / Nähe und Distanz / genau hinhören / genau hinsehen / verkrustete Strukturen aufbrechen

Material:

Metaplanpapier, dünne und dicke Eddings, Taschentücher, Papierkorb

Durchführung I:

Familien bezahlen einen hohen Preis, wenn deren Mitglieder keine Gefühle ausdrücken können.
Nicht selten ist es das männliche Geschlecht, das aus verschiedenen Gründen keine Gefühle zeigen kann.
So entsteht ein Teufelskreis: Die Frau ist frustriert, weshalb sie häufig den Partner, die Kinder kritisiert. Der Mann zieht sich immer mehr zurück und sagt nichts. Er hört auch nicht mehr hin, wenn sie ihm etwas sagt.
Dieter Nuhr sagte einmal: „Das einzige, was Männer können, ist weghören. Das können Frauen überhaupt nicht."
Und: Kinder lernen trotz der Gene von ihren Vorbildern.

Hinweis:

Gesamte Übung ohne Zeitvorgabe.
Durchführung II als nonverbale Übung durchführen.

Durchführung II:

Der Coach / Trainer zeichnet einen großen Kreis auf das Blatt.
Jedes Familien- / Gruppenmitglied zeichnet sich auf das Blatt und zwar an den Ort, wo er / sie glaubt zu stehen. Das kann im Kreis oder außerhalb des Kreises sein.

Hinweis:

Der Coach / Trainer erläutert folgendes:

Durchführung III:

Der Kreis symbolisiert die Familie / das Familiensystem usw.

Reflexion I:

— Warum hast du dich an dieser Stelle positioniert?
— Wie fühlst du dich dabei?
— Was sollte sich ändern?

- Wo würdest du lieber stehen?
- An welcher Person möchtest du näher dran sein?
- Was musst du investieren, damit es gelingt?

Hinweis:

Durchführung IV nonverbale Übung mit Bewegung.

Durchführung IV:

Alle Mitglieder bewegen sich langsam durch den Raum. Wenn sich zwei Personen begegnen, versuchen sie, ohne Worte Sympathien auszudrücken. Dabei bleiben sie stehen, schauen sich an und drücken Gesten der Liebe und Zuneigung aus.

Durchführung V:

Die folgende Aufgabe besteht darin, dass sich JETZT jeweils drei Mitglieder treffen und ihre Empfindungen zueinander ohne Worte ausdrücken.

Durchführung VI:

Fortsetzung: Jeweils kommt eine Person hinzu, bis die ganze Familie zusammen ist und sich emotional verbindet.

Hinweis:

Der Coach / Trainer achtet darauf, ob es den Mitgliedern gelingt, sich auch körperlich zu kontaktieren. Wenn nicht, thematisieren!

Reflexion II:
- Wie hast du dich in der Durchführung II erlebt und gefühlt?
- Wie hast du dich in der Durchführung III erlebt und gefühlt?
- Wie hast du dich in der Durchführung IV erlebt und gefühlt?
- Wie hast du dich in der Durchführung V erlebt und gefühlt?
- Wie hast du dich in der Durchführung VI erlebt und gefühlt?
- Worin siehst du das unterschiedliche Erleben?
- Was ging dir „unter die Haut"?
- Welche Blockaden hielten dich zurück?
- Welche Blockaden sind während der Übungen aufgebrochen?
- Welche inneren Verletzungen sind deutlich geworden?
- Wie fühlst du dich JETZT?
- Was ist dein Wunsch im Kontakt zu deinem Partner?
- Was ist dein Wunsch im Kontakt zu deinem Kind / deinen Kindern?

Modifikation:

Ab Durchführung II mit leiser Hintergrundmusik.
Alltagssituationen als Rollenspiel durchführen.

Kreative Verschreibung:

Themen:

— Verletzungen durch nicht gesprochene Worte.
— Verletzungen durch gesprochene Worte.

Reflektiere über beide Fragestellungen und schreibe in beiden Kategorien deine Verletzungen auf.

Notizen:

Die verändernde Kraft der Empathie

Verstehen / Erleben / Hören / Selbst- und Fremdwahrnehmung / verbale und nonverbale Übung

Material:

Taschentücher, Papierkorb

Durchführung I:

Die Familie / Gruppe sitzt im Kreis. Ein freiwilliges Mitglied beginnt und berichtet über eine familiäre Enttäuschung, Verletzung. Er / sie beschreibt detailliert erlebte Gefühle, Gedanken und wahrgenommene Schmerzen.
Dabei soll deutlich werden, wo Person X nicht gehört, nicht verstanden, nicht beachtet wurde, sich allein gelassen fühlte.

Durchführung II:

Der Coach / Trainer fasst die verletzten Gefühle noch einmal zusammen und fragt Person X, ob er die Aspekte in seiner Zusammenfassung auf den Punkt gebracht hat.

Hinweis:

Durchführung III: Nonverbal. Zeitaspekt: 15 Minuten.

Durchführung III:

In den folgenden 15 Minuten soll sich jedes Mitglied intensiv in Person X hineinfühlen und ganz präsent sein, so wie er / sie sich gefühlt hat.
Dabei sollen die Gefühle und Bedürfnisse von Person X „gehört werden".
Achtung: Aber nicht mit Person X leiden!
Es gilt JETZT: Alle vorgefassten Meinungen und Urteile über Person X ablegen!
Nehme die dargebrachten Äußerungen nicht persönlich und gebe niemandem die Schuld!
Versuche zu „hören", was Person X braucht!

Hinweis:

Coach / Trainer: Nehmt euch JETZT an die Hände und schweigt.

Reflexion I:

— Wie hast du dich gefühlt?
— Warst du zunächst innerlich aufgewühlt?

- Glaubst du, dass du die Botschaft/en richtig verstanden hast?
- Was war diesmal anders?
- Was ist mit dir passiert?
- Gab es Ängste, Unsicherheiten?
- Fühlst du dich verstanden?
- Konntest du dich in Person X hineinfühlen, ohne zu be- / verurteilen?
- Warst du ganz präsent?
- Ist es dir gelungen, die Bedürfnisse von Person X wahrzunehmen?
- Was hat dich stark berührt?
- Kannst du Person X mit ihren Bedürfnissen JETZT besser verstehen?

Durchführung IV:

Austausch, Diskussion und Reflexion der wahrgenommenen Botschaften.

Modifikation:

Durchführung ohne körperlichen Kontakt.
Durchführung mit meditativer Musik.
Als Vorübung: Die eigenen Verletzungen verschriftlichen.

Kreative Verschreibung:

Jedes Mitglied setzt sich mit vorangegangenen Fragestellungen auseinander und erarbeitet passende Möglichkeiten des empathischen Verstehens, die in das bestehende Familiensystem passen.

Notizen:

Helmar Dießner
Familien Coaching
Soziales Lernen für Familien

Hier finden Familientherapeuten, Familiencoaches, Therapeuten, Supervisoren, Ausbilder, Elterntrainer, Kursleiter für Elternkurse ein Praxishandbuch vor, das alltagswirksame Hilfen zur Überwindung familiärer Kommunikationsprobleme aufzeigt. Es handelt sich hier um prozess- und lösungsorientierte Übungen für den Familienalltag, deren Aufbau für den Anwender übersichtlich und klar strukturiert ist. Dabei werden Alltagsthemen, aber auch Tabuthemen behandelt. Die Übungen führen zur Auseinandersetzung und zur Konfrontation der Familien- / Gruppenmitglieder mit sich selbst und untereinander. Sie fordern zu notwendigen Entscheidungen, Positionsbestimmungen und zu einer neuen Wahrnehmung heraus, die sich aus dem jeweiligen Inhalt ergibt. Das Motto ist Ressourcenorientierung, sprich: Hilfe zur Selbsthilfe. Durch die Übungen machen die Teilnehmer praktische Erfahrungen, und erweitern so ihre Kompetenzen. Konkret bedeutet das, dass Alltagsthemen konstruktiv und stressmindernd durchlebt werden können. In einer schnelllebigen Zeit immer größerer Unsicherheiten wird so der Familienverbund „fit" gemacht für ein gelingendes Familien-Zusammenleben.

März 2009, 256 S., Format 16x23cm, br,
ISBN 978-3-938187-48-7, Bestell-Nr. 9401, € 19,95

Dieter Krowatschek / Uta Theiling
Geschichten von der Fly
Entspannung für unruhige, unauffällige, übermütige und ängstliche Kinder

Beim Vorlesen der Geschichten entspannen sich die Unruhigen, die Impulsiven, die Ängstlichen und die Unauffälligen in der Altersgruppe von fünf bis zwölf Jahren mit Begeisterung und völlig problemlos. Die CD enthält die passende Musik. Die Entspannungsgeschichten orientieren sich an der Grundstufe des Autogenen Trainings. Sie beruhigen, verbessern das Vorstellungsvermögen, aktivieren Kreativität und Phantasie und versetzen die Kinder in einen Zustand der Entspannung.

Februar 2009, ca. 160 S., farbige Abb., Beigabe: Audio-CD, Format 16x23cm, fester Einband
ISBN 978-3-938187-50-0, Bestell-Nr. 9400, € 26,80

Psychologische „Werkzeugkästen"

Insoo Kim Berg / Lee Shilts
Einfach KLASSE
WOWWW-Coaching in der Schule

Kinder wollen lernen. Lehrer wollen lehren. Und dennoch treten manchmal Schwierigkeiten auf. Lösungsorientierte Vorgehensweisen – die sich auf Ziele, Kompetenzen, Fähigkeiten, Hoffnungen wie bereits erreichte Erfolge ausrichten – haben sich in solchen „herausfordernden Situationen" sowohl als hilfreich und auch als praktikabel erwiesen.
Die Autoren zeigen auf, wie ein externer Coach Lehrer und Schüler dabei unterstützen kann, sich den von ihnen selber formulierten und angestrebten Zielen in einem noch besseren Lern- und Lehrklima anzunähern. Konkrete Beschreibungen des Vorgehens, eingebunden in Fallvignetten runden diese gelungene, verständliche und praxisnahe Darstellung ab und machen Lust, selber weiter zu üben und Fortschritte aufzuspüren und zu würdigen. Ein wunderbar anregendes und zuversichtliches Buch – einfach und klar geschrieben, überzeugend in der Darstellung und überaus praxisorientiert.
Juni 2008, ca. 96 S., Format 16x23cm, Ringbindung
ISBN 978-3-938187-55-5, Bestell-Nr. 9394, € 19,80

Filip Caby / Andrea Caby
Die kleine Psychotherapeutische Schatzkiste
Tipps und Tricks für kleine und große Probleme vom Kinder- bis zum Erwachsenenalter

In diesem Praxishandbuch werden im ersten Teil Tipps und Tricks für die Gesprächsführung, spezielle Fragetechniken sowie ungewöhnliche Lösungen für alltägliche und weniger alltägliche psychische Probleme und/oder Verhaltensauffälligkeiten vermittelt.
Im zweiten Teil tragen die Autoren Indikationen für die obigen Interventionen zusammen, so dass therapeutische Entscheidungen sowohl interventionsspezifisch als auch indikationsabhängig getroffen werden können.
April 2009, ca. 160 S., Format 16x23cm, Ringbindung,
ISBN 978-3-938187-47-0, Bestell-Nr. 9403, € 19,95

BORGMANN MEDIA

verlag modernes lernen b borgmann publishing

Schleefstr. 14 • D-44287 Dortmund • **Kostenlose Bestell-Hotline:** Tel. 0800 77 22 345 • FAX 0800 77 22 344
Ausführliche Informationen und Bestellen im Internet: **www.verlag-modernes-lernen.de**

Ben Furman — 25.000 Auflage
Es ist nie zu spät, eine glückliche Kindheit zu haben

„Anhand vieler Fallbeispiele aus seiner psychotherapeutischen Praxis und aus Befragungen räumt Furman mit dem Dogma auf, daß traumatische Kindheitserfahrungen einen Menschen für immer schädigen. Er stellt Lebensbewältigungsstrategien heraus, die es auch in der lösungsorientierten Kurzzeittherapie zu betonen gilt: Dazu gehört die Suche nach 'Schützenden Faktoren' wie andere nahe Menschen, wenn die Eltern versagen, aber auch Schreiben und Lesen als Quelle der Kraft und des Rückzugs, vor allem aber der veränderte Blick auf die Vergangenheit. Nicht die Probleme stehen dabei im Mittelpunkt, sondern die Kraft, die aus überstandenem Leiden erwächst, und die Fähigkeit, alte Wunden auch noch in späteren Lebensphasen zu schließen. Als unkonventionelle Kurzeinführung in lösungsorientiertes therapeutisches Denken und als anspruchsvolles Lebenshilfebuch gleichermaßen empfohlen." ekz-Informationsdienst für Bibliotheken

6. Auflage 2008, 104 S., Format DIN A5, br
ISBN 978-3-86145-173-0, Bestell-Nr. 8398, € 15,30

Erhard Beitel
Bochumer Gesundheitstraining
Ein ganzheitliches Übungsprogramm

„Ein praktisches Trainingsbuch für das Erreichen der Harmonie zwischen Körper und Seele. Das Buch hebt sich insofern von anderen Titeln zum Thema ab, weil es ausgesprochen gut erklärt und Zusammenhänge darstellt, mit konkreten Übungen und Fragestellungen hilft, und nicht zuletzt die Ringbuchform vereinfacht die Handhabung. Kein Unterhaltungsbuch, kein an Pseudoideologien orientierter Ratgeber sondern ein ernsthaftes, wissenschaftlich erprobtes und sehr empfohlenes Werk." BLS Bibliotheksausstattungen

„Es kann auch jeder 'Gesunde' von den Übungen und Inhalten des Programms für seine Lebensqualität profitieren. Besonders gilt dies für alle 'professionellen Helfer', die sich für die Gesundheit anderer einsetzen." LVA Württemberg
3. Aufl. 2007, 160 S., Format DIN A4, Ringbindung,
ISBN 978-3-8080-0364-0, Bestell-Nr. 4211, € 25,50

Zur eigenen Mitte finden

Dieter Schwartz
Vernunft und Emotion
Die Ellis-Methode – Vernunft einsetzen, sich gut fühlen, mehr im Leben erreichen

„Ich bin hocherfreut über das vorliegende Buch von Dieter Schwartz, mit dem der deutschen Leserschaft die Rational Emotive Verhaltenstherapie (REVT) auf ihrem neuesten Stand vorgestellt wird. Obwohl einige meiner eigenen populären Selbsthilfebücher bereits früher erfolgreich ins Deutsche übersetzt wurden, gibt es kaum deutsche Bücher, die als Selbsthilfebuch konzipiert sind und zugleich das Therapiesystem der REVT didaktisch aufbereiten: daher erscheint das Buch gut geeignet auch für Therapeutinnen und Therapeuten, die sich in Weiterbildung befinden und die Basistechniken der REVT praxisbezogen kennenlernen wollen." Albert Ellis (in seinem Vorwort)

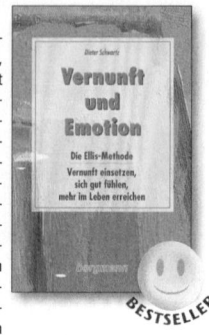

5. Aufl. 2007, 200 S., Format DIN A5, br
ISBN 978-3-86145-165-5, Bestell-Nr. 8395, € 15,30

Heinz-Rolf Lückert / Inge Lückert
Leben ohne Angst und Panik
Ursachen und Symptome erkennen, Therapiemöglichkeiten wählen

Die Autoren zeigen sehr fundiert und überzeugend die Ursachen von Angst und Depression auf. Das zentrale Kapitel ist der Therapie der Angst gewidmet. Hier weisen die Autoren aufgrund ihrer langjährigen therapeutischen Erfahrung bewährte Wege, um aus dem Teufelskreis der Angst herauszukommen. Immer wieder wird der Leser dabei mit seinen eigenen Erfahrungen und Problemen konfrontiert und ist verblüfft über die leicht nachzuvollziehenden Anregungen zur Durchbrechung der belastenden Verstrickung und Lähmung. Die aufgezeigten Wege bestechen durch ihre Einfachheit und Effektivität. Das Buch will den Leser anregen, die Erkenntnisse der Kognitiven Verhaltenstherapie für die eigene Angst- und Lebensbewältigung zu nutzen.

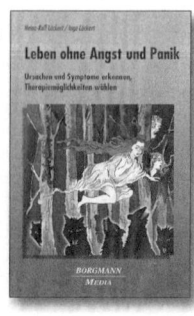

2006, 272 S., Format 16x23cm, br,
ISBN 978-3-938187-16-6, Bestell-Nr. 9363, € 19,50

BORGMANN MEDIA

verlag modernes lernen *borgmann publishing*

Schleefstr. 14 • D-44287 Dortmund • Kostenlose Bestell-Hotline: Tel. 0800 77 22 345 • FAX 0800 77 22 344
Ausführliche Informationen, Leseproben und Bestellen im Internet: www.verlag-modernes-lernen.de